因為生活太焦躁，所以需要

寧靜心理學

放鬆訓練 × 依循自然 × 藝術薰陶，完美迴避傷害，不用無限忍耐

HOW TO LIVE QUIETLY

安妮・佩森・考爾 —— 著　宋孚紅 —— 譯

家庭工作蠟燭兩頭燒，重重壓力逼得你喘不過氣？
兩眼一閉昏死過去，醒來後卻感覺全身痠痛不已？
老是緊張焦慮，怨嘆生活「噪音」吵得你無法平靜？

美國自助心理學大師安妮・卡爾：
「造成一切疾病的元凶，就出在違背自然規律。」

目錄

導言　寧靜的力量……005
第一章　身體健康嚮導……009
第二章　休息是恢復良好狀態的最佳方式……015
第三章　如何運用大腦……023
第四章　面對神經緊張的根源……037
第五章　情感中的神經緊張……041
第六章　大自然的教導……055
第七章　寧靜的狀態也需要訓練養成……067
第八章　藝術帶你進入自然的寧靜……095
第九章　關愛自己，關心他人……111

目錄

第十章　意志力的力量……125
第十一章　漫談平和……135
第十二章　社會生活的平和……167
第十三章　宗教的平和……183
第十四章　自身的平和……189

導言　寧靜的力量

違背自然規律，就會患病；嚴格地、堅持不懈地遵守自然規律，就能保持健康。

自然規律的天性是善良的，我們付出十分之一的努力，就會得到自然規律十分的回報。事實上，她一直在注意我們，希望與我們融為一體。如果我們對她稍稍示好，她就會飛快地跑過來擁抱我們。可是相反地，我們如果不願意接受這簡單的法則，不能按照她所安排的完美方式實行；而想透過那些人為的方法，迅速地回到她的領域，其結果就是離她越來越遠。只要遵守自然規律，就可以恢復體力。

忙碌生活中的我們就像一個不知疲倦的陀螺，漸漸地發現生活不是屬於自己，而是被別人所占有，在人生的旅途中高速航行，抵達彼岸而忽視了沿途的風景。其實我們也可以找一個山清水秀的地方安頓下來，守護心中渴望尋找的東西，那會是一種超凡脫俗的透明。也可以在下雨天，讓自己放個長假，窩在自己的小屋裡，打開一本相冊，拾起塵封的記憶；這種溫情在晴朗的天氣中是找不到的。

也許，最快樂的時光莫過於看庭前的花開花落，望天外雲卷雲舒，這是一種恬淡釋

導言

懷的心情。在這個充斥著物欲的世界，找一個屬於自己的心靈小屋，好好地安撫一下曾經受傷的心，就從現在開始善待自己吧！

快樂是一種神奇的東西，如果你與別人分享，快樂就會更多，所以現在不要總是抱怨生活中不如意的事。你可以認為這是生活帶給你的磨練，也可以在週末選一個好天氣，自己一個人，或者和最愛的人結伴，去一個一直很想去的地方，將工作、收入、人際關係等都拋到腦後，去感受陽光的溫暖。漸漸地，你就會發現，開心是如此簡單！

靠近大自然、感受大自然賦予我們的一切，將自己融入其中，放鬆身體，給自己的心靈做個spa，做一個健康而快樂的人。

因為個人生活遇到麻煩，就責怪環境或他人，我們似乎已經對此司空見慣。我想，如果斷言所有麻煩的根源都在於我們自己，我一定會遭到讀者的反駁和怨艾。看似由他人引起的痛苦，卻得自己面對，這需要勇氣。一旦我們勇於面對，一言一行都做得果斷、堅決，就會覺得從精神的束縛中解脫出來，感覺真是奇妙無比。

我說「面對自己」，指的並不是我們應受責備，而是說我們經常表現出的某些傾向。如果弄清楚這些傾向，我們根本不會受到責備；只有把自己完全置之度外，我們才能弄清楚這些傾向。在這種情況下，如果不努力克服這些不良傾向，我們必將為此承擔責任。

我們漸漸會明白一點：是對待生活的態度讓我們倍受折磨，而非周遭的環境或生活中的人；這樣我們才能越來越接近自由。我從不幻想人能真正實現生活的自由，但我們可以踏上漫長的自由之路。如果一直堅持走在這條徑直的自由之路上，我們的生活會變得愈發意義非凡。我們會發現，受人或環境束縛的習慣，與努力擺脫束縛的健康習慣，差距甚大，由此產生的愉快解脫感會越來越強烈。

讀到一本書，受到了某些啟迪，就會產生一種想向人表達的衝動，希望他人也得到教益。儘管希望你能讓這本書物盡其用、幫助他人，我也非常高興你能這麼做；但是，親愛的讀者，這本書實實在在是為你而寫！

導言

第一章　身體健康嚮導

有關身體保健的文章鋪天蓋地，不勝枚舉。這些文章涵蓋廣泛：飲食、呼吸、穿著、保養等等，本無需費言補充，但身為理性的人，為了更深刻地揭示身體健康的規律、為了每天遵守規律而獲得的益處，我還是需要做一些錦上添花的工作，希望我苦口婆心闡述的這些道理，能更好地為人們服務，成為身體這臺機器的健康指南。儘管人們一直在關注身體過度損耗問題——不在意休息而過度疲勞——花樣繁多，毫無節制，都是那些想法扭曲卻具有豐富創造力之聰明人的傑作；但是似乎沒有人意識到，這些大大小小的問題，如同工作中對肌肉力量的要求一樣，只要經過定期的訓練，循序漸進，都能解決。對自然規律的扭曲現象已綿延數代了，我們，第九或十代人，即便能真正地睜大雙眼看清這種扭曲，也絕不可能退回人們正常運用規律的年代了。我們必須努力奪回井然有序的生活，一步一步地奪回。其回報莫過於意識到遵守自然規律之偉大，以及違背自然規律之可惡。理解自然規律、認識自然規律的作用，是人生最大的快樂。

一般認為，常識應該引導我們更好地使用身體機器。然而，常識不會促進肌體的發展，也不會帶來牽動機體的真正動力。常識只讓我們認清其必要性，需要我們開闢出一條前進的道路。人們已開闢出一些肌肉鍛鍊的道路，需要鍛鍊的人沿路前行。但就普通人而言，最好的肌肉鍛鍊道路仍然關閉著。現在訓練針對的，都是那些身手敏捷的表演者、雜技演員或魔術師，僅限於專業人員。

肌肉由神經控制，對肌肉的訓練，就體質而言，首先是為了更完善地發揮神經系統的作用。神經系統，無論正常與否，其力量之強大都令人嘆服。當我們意識到神經系統中存在人們無法探知的博大精深，我們就會更慨嘆了。許多人，特別是無知之人，認為神經系統是一個應該迴避的話題，這不足為奇。通常的情況是，當女兒因神經系統出現偏差、處於神經衰弱的邊緣，正遭受痛苦時，媽媽卻說：「我不想讓我女兒知道，她有些神經質。」可憐的孩子其實早已知道了這一點，只不過知道的方式錯了。要是她能學會健康地、正常地發揮神經系統的作用，又何樂而不為呢？談到孩子時，很多父母都會說與那位母親同樣的話；談及學生時，老師也會如此。這是一種普遍的想法，無可厚非。現在一談到人的神經，就想到神經質，想到神經紊亂，然後就是避而不談，這些做法都是極為錯誤的。

在損害身體方面，人的能力發揮到了扭曲的地步，可以說花樣百出，數不勝數，似乎再無必要談論它們。然而，從另一角度看，卻又是非常必要的。儘管它們已氾濫成災，每天都造成惡劣的影響、讓我們嘗盡苦果，我們卻仍視而不見，聽而不聞，缺乏對這些可悲錯誤更充分的認知。這樣是很危險的，因為我們會在其所帶來的混亂之中越陷越深；從神經衰弱發展成憂鬱症，繼而發展成其他的精神疾病，其過程並不漫長。

個人機體的衰竭會導致國家的衰落。這似乎給人一種啟示，但一想到由於個人主觀能動性所造成的惡果，就覺得這種啟示還不足以讓人信服。神經藥物廣告可以趾高氣揚地對研究國民身體發展趨勢的專家說三道四，甚至信口雌黃地鼓吹任何狀態都不如人為狀態，也不如用來調整自己適應自然規律所使用的人工方法。在大多數情況下，這些人工方法有助於讓人的自然生活面貌保持得更長久；但是，對自然的一味模仿遲早會導致一無所有，甚至比一無所有更糟糕的後果。即使是休養療法，這種最簡單、最無害的神經恢復方法，也會讓人誤入歧途。神經系統紊亂而患上神經疲勞症的病人——通常稱為過度疲勞——藉由休息，享受人的天性，接受母親般溫暖的幫助等方法，讓疲勞的身體恢復正常的狀態。但是，人並沒有學會讓自己的神經機器更好運轉的方法——如何嫻熟地駕馭馬、如何讓拍打馬背的手更溫柔一些。他知道必須輕鬆地對待生活，但即便已經意識到這一必要性，他能做的也是微乎其微。多數享受過休養療法的病人，不得不一次又一次地接受「休養」。

過度疲勞導致的神經失調一直在困擾著我們，嚴重的神經衰弱也十分猖獗。理性地研究人們的臉色，更仔細地了解他們的生活，也許就會清楚地知道，許多人在度假之前，一直長期生活在神經衰弱的狀態下。由於缺乏認真的思考、缺乏對如何順其自然地使用神經機器的仔細研究，幾乎沒有人能真正了解自己的精神官能。隨著研究的深入，了解程度就會加深，每天都會有驚喜，快樂也會隨之增加。

極度的神經緊張似乎是美國人的怪癖，以至於一個來到美國的德國醫生，對前來問診的病人所患的稀奇古怪神經失調症狀迷惑不解，最後竟宣稱他發現了一種新病，稱之為「美國病」。現在，我們所患的「美國病」花樣百出，不勝枚舉。醫生研究它；神經藥物不斷出現；神經醫院蓋了一家又一家；休養療法層出不窮——但是，這種病的病根卻非常簡單，只不過被人們完全忽視了而已。

違背自然規律，就會患病；嚴格地、堅持不懈地遵守自然規律，就能保持健康。

自然規律的天性是善良的，我們付出十分之一的努力，就會得到自然規律十分的回報。事實上，她一直在注意我們，希望與我們融為一體。如果我們對她稍稍示好，她就會飛快地跑過來擁抱我們。可是相反地，我們如果不願意接受這簡單的法則，不能按照她所安排的完美方式實行；而想透過那些人為的方法，迅速地回到她的領域，其結果就是離她越來越遠。只要遵守自然規律，就可以恢復體力。

我們一直在不斷地違背自然規律，同時卻靠藥物恢復精力，這有什麼用處呢？一旦習慣與藥物發生對抗，任何藥物都不會產生作用了，最後只會適得其反。如果不顧精神疲勞、讓身體過度損耗，就算吃一些藥物安神靜氣，又有什麼用呢？人們早晚會為此痛哭流涕的，因為自然規律向來能及時幫助我們找尋真正的生活方式；可是一旦失去耐心，她的懲罰也會十分嚴厲。或者可以這麼說，規律是固定不變的，如果我們不遵循規律，不斷地違背規律，就會自食惡果。

第二章

休息是恢復良好狀態的最佳方式

我們怎麼會錯誤地使用自己的神經功能呢？首先，讓我們想一想，身體什麼時候能徹底休息？最長的、也是最香甜的休息，應該是夜間睡覺的時候。睡眠中，身體和大腦並沒有從事任何實際的工作；睡眠中，任何神經或機體活動不僅沒有用處，而且是有害處的——純粹是浪費精力，會造成直接的、難以彌補的傷害。我們要充分意識到這一點：睡眠就是為了休息，睡眠唯一的成果就是休息，為了恢復精力——如果自己不能徹底放鬆，卻想獲得自然規律藉由睡眠給予我們的休息，這是十分荒唐的！

如果有一個人不吃飯，把食物扔出窗外餵狗，或用在別的地方了，這就是不按照天性的要求去行使食物該有的功能；他還反過來納悶，為什麼自己營養不良，為什麼遭受頭暈及乏力之苦。同樣不可理喻的是，想睡覺，卻又奇怪八小時的睡眠為什麼不能讓自己獲得很好的休息呢？可見，人們是逐漸了解睡眠疲勞這件事的，所以對此還不是十分清楚。儘管自然的睡眠規律簡單，我們還是一味頑固地違背它們，被眼前的私利蒙蔽，養成了不休息的習慣，最終發展到了非常嚴重的程度：身體想入睡，可是大腦仍在思考、探索、活動。

幾乎沒有任何假寐，可以讓自己徹底放鬆，沉沉地、重重地躺在床上——讓床支撐，而不是自己支撐身體。我們只要注意觀察，就會吃驚地發現，除了少數人（慶幸還有一些人），大多數的人們是怎樣支撐自己身體的：肌肉緊繃，幾乎全身的肌肉都緊繃著，但疲勞已經讓他們意識不到緊繃感了，他們此刻正努力地強迫自己入睡。

脊椎似乎是緊張的中心——它沒有馴服地貼在床上、從上到下地、輕鬆地休息：它的兩端接觸到了床，但是中間的部分卻在盡力支撐著；雙膝抬起，腿部的肌肉緊繃；雙手和手臂收縮，手指要麼緊握枕頭，要麼互相握緊；頭部沒有順從地聽任枕頭支撐它全部的重量，而是自己撐著放在枕頭上；舌頭緊抵上顎，喉嚨肌肉收縮，臉部肌肉莫名其妙地緊繃著。

如此恐怖的現象可以列舉一大串，儘管一想到我們說的是睡眠，就會覺得有些誇張。我們說「人產生疲倦也是自然規律，它是甜蜜的身體恢復劑」，但這有些過於美好了。

當然，大多數人享受睡眠的恬靜之美時，身體就不會緊張、僵直地擺出各式花樣。但是，幾乎沒有無意識地神經緊張或肌肉緊張的人，就算意識到自己無意識地緊張，也需要時間、警覺及耐心放鬆身體，因為習慣已經養成了。有人會想，即使睡覺時緊張，但在酣然入睡之後，天性會戰勝自我，不由自主地放鬆肌肉。然而，多年的積習會讓自然規律難以承受。儘管她非常慷慨大方，但她只能量力而行，不能對她要求過多。正確的睡眠似乎非常簡單；與大多數人固守的錯誤方式相比，即便是只想到它，都會感覺身心暢快。回歸正常的睡眠軌道，獲得充分的休息，會得到巨大的好處，只要認清這一點，過程就變得簡單起來。儘管我們因為偏離軌道太遠，這一過程似乎會緩慢一些。但是一旦回歸，即使不那麼徹底，健康、正常神經系統的天敵就再無橫行之日。

當然，思想運轉過快或者走入歧途，會造成我們自由自在的神經系統、放鬆的機體和輕鬆自如的睡眠巨大的阻礙。經常聽到人們抱怨：「要是能讓我不思考事情有多好。」可是這麼說既無理由，也無道理。即便知道大腦在錯誤的時間運轉會讓人一無所獲、對人造成損失，也不會影響到過度勞累的大腦——甚至經常讓它更興奮。這就證明，最初精神方面的問題，現在已經緊緊地依附在身體上了；我們必須要先解決這些問題。要訓練神經系統，讓身體馴服地聽從健康大腦的指揮；要注重大腦神經系統的訓練，從而恢復正常的指揮功能。

如果無法停止思考，就不要阻止思考，讓思想任意馳騁。只需放鬆肌肉，注意力就會越來越放在肌肉隨意放鬆這一有趣的過程上（說有趣，只是因為這麼做有意義），思想的精靈就越來越難以控制，頭腦機器一定會停止毫無意義的運轉，因為讓機器工作的思想已經全心全意地投入到更有成就感的事情上了。

身體放鬆地躺著也可以得到休息，所有睡眠的規律也同樣適用。以這種方式充分休息五分鐘，比以普通方式休息一小時或三小時更好。我記得曾經看見過一位婦女在躺椅上「休息」，她靠著最鬆軟的羽絨枕頭，本來可以很放鬆地讓頭靠在枕頭上，但她卻僵直地挺著頭，似乎覺得頭不這麼挺著不行。這種情況並不罕見，相反地，這是司空見慣的。那個德國醫生認為發現了一種新病，有什麼好奇怪的呢？他發現並命名了這個早熟魔鬼的雛嬰。他不該感到震驚嗎？「人類如此地脆弱，這麼容易自我毀滅，似乎魔鬼都毫無用處。」

認真研究一個健康的幼兒如何睡眠，是克服各種扭曲的睡眠及休息的最好方法。身體自由地放鬆，有利於身心的休息，心安理得地拋棄胡思亂想、解除煩惱也更為容易。這樣，我們就能接近自然的睡眠，享受身心舒爽的快樂。這種藉由想像如嬰兒一般的睡眠而獲得的爽快，就是無意識地恢復精力、促進健康的一種方式。

定期地進行睡眠訓練，首先要放鬆肌肉——這會讓我們更加容易拋棄胡思亂想。拒絕思想的干擾，不要帶有任何牴觸情緒，這樣身體獲得的自由和休息便會讓我們的精神煥然一新。這種習慣需要精心培養，羅馬不是一天造成的。在今後的章節中，我還會詳盡地介紹習慣的培養問題。

坐在椅子上，是自己支撐身體呢，還是椅子支撐身體呢？你遵循了萬有引力定律，就能整個身心都放鬆，感覺到它的力量。不要拒絕規律，許多人卻做不到這一點。他們本應順從地、輕鬆地坐在椅子裡，而不是僵直地坐著，自己支撐著身體，就好像擔心如果放鬆地坐在上面，椅子隨時會斷裂似的。乘坐火車也是如此。實際上，搭乘火車長途旅行時，大部分的疲勞是無意義的，都是來自下意識地不斷努力、企圖控制火車，而不是讓火車帶我們走；或者抗拒火車的轉動，而不是放心地跟隨著它運動。高速行駛的火車，奏出悅耳的旋律，我們放鬆下來、跟隨著它，就會得到休息、不會疲勞。有一個婦女的例子可以證明這一點。這位婦女略懂一點身體放鬆的道理，不過還是顧慮重重、身心緊張地開始了長途旅行。最初的感覺非常糟糕，由於暈車引起了頭暈。在明白了頭暈的原因之後，她立刻開始有意識地克服不必要的緊張感，於是頭就不暈了。然後，她讀起了一部有趣的小說。故事情節非常精采，讓她產生了共鳴（所謂的共鳴），於是身體肌肉開始收縮，這時頭暈又捲土重來，她不得不停下來放鬆。就這樣，讀書、頭暈、停下，如此反覆好幾次，她終於可以遵循身體的自然規律，控制自己的身體、繼續讀書，而不再有緊張的感覺，更不用說頭暈了。

開車的規律也是一樣的。「我開不了啦，我太累了」，這是我們常聽到的抱怨。為什麼開車讓你疲倦？因為你沒有徹底放鬆地坐下來，適應車的運動，而是試圖駕馭它、把身體挺得筆直。這是車輛駕駛與騎馬之人的共同之處。在任何地方，都會有感覺焦慮的理由——不管是轉彎處，還是在鐵軌旁。如果你的腳沒有用力踩地，就不會感覺到緊張；你的注意力不能放在腳下，要學會拋棄所有無意義的、有害的緊張。當需要人緊張起來才能辦好事情時，緊張感就會降臨，而且來得自然、真實。帶一個長期患有神經衰弱的人出遠門，他回來時神經衰弱會變得更嚴重；即使新鮮的空氣也無法抵擋他的緊張，因為他不知道如何放鬆身體來適應旅行。

我們經常等待，等待的時候，大量的精力被毫無意義地消耗掉了。如果必須等一段時間，就會因為不耐煩而急躁與緊張。要知道，這並不會讓時間走得更快，也不會讓要見的人提早到來；但是卻能消耗精力，讓你更快得到「美國病」。緊張地等待一小時所消耗的體力，相當於一整天消耗的體力。更好的辦法是，靜下心來耐心地等待。每個人情況不同，需要自己找到適合自己的辦法。我們吃驚地發現，這種緊張儘管十分常見，也很嚴重，但是克服它卻相對容易很多。當然，也有一些特殊情況，需要隨時保持警覺、持續努力、認真探究，才能取得顯著的成效。

我們舉了幾個例子，從徹底放鬆的睡眠到被迫等待中的休息，談的都是保持身心的寧靜問題。關於等待和開車，還需要再談一點。如果必須趕上某一班火車，且步行和開車都來不及了，就急急忙忙地叫了計程車。你會非常焦急，就如同步行趕路一般——似乎這樣可以幫助計程車加速，或者是否及時到達火車站，將取決於你僵直的脊椎與緊張的身體。其實，你已經僱了計程車載你趕路，在達到火車站前，你的任何活動都是毫無必要的。為什麼不安靜下來，讓該做事的人做事呢？

我們用了一小部分篇幅和幾個例子，就很簡單地解釋了神經衰弱的問題。這些例子談的都是違背自然規律，即違背休息規律的情況。要闡述各式各樣違背自然規律的問題，需要的不是一本薄書，而是幾本大厚書。除非情況好轉，不然關於神經緊張的年鑑也許就可以出版了。但幸運的是，在我們精神緊張、不知所措的時候，可以參考以下與大腦有關的常識，其中有幾個簡單的例子可以讓我們眼界開闊、進入深思，實測效果良好。

第三章　如何運用大腦

現在，讓我們想像只有大腦自己在工作、身體其他部位無所事事的情況。譬如思考，多數人思考的時候，喉部收縮得很厲害。這時，喉嚨還有空隙進行正常的呼吸，這讓人有些吃驚。舌頭緊繃，下巴下垂，就好像患了急性破傷風。沉思時，儘管每次用力最多的是下巴及喉嚨，但每個人的緊張方式不盡相同。專心靜讀的人會表現出不必要的緊張，而且緊張的程度與閱讀的興趣和投入程度成正比。非常明顯的是，在不涉及解剖學與生理學的情況下，進行純粹的思考，只需要大腦即可。如果活力都給了身體的其他部位，讓它們保持非自然的緊張狀態，不僅是在奢侈地浪費精力，而且是在剝削大腦。對於單純的腦力勞動，大腦肩負所有的責任，身體處於清閒、被動的狀態。其專注程度越高，獲得的滿意度越高。工作結束後，身體的反應就越健康，精力恢復得越好。

為了更全面地理解大腦這臺機器，可以把它比做一個團體。在團體中——教會、各縣市、機構或者家庭——只要每位成員各負其責，各行其道，不對他人吹毛求疵，這個團體就是和平、有秩序及成功的。假設城裡舉行一場重要的集會，在演說過程中，有幾個人為了幫演講者助威，一起站起來高談闊論，會是什麼樣的情景呢？如果身體的幾個部位，在不需要的時候，出於對仍在工作部位的「同情」，都緊張起來，這難道不滑稽嗎？有人會認為，人是一部機器，只有一個大腦，而團體成千上萬，大腦一定比團體更有秩序。

認真聽講時，只需要大腦跟耳朵；在招待會或在傳道者高談闊論的教堂中，人們傾聽時，脊椎和臉部的肌肉都在工作。這裡指的並不是饒有興趣時專注的那種表情，也不是那些心情自然、真實地反映出來的言談舉止，我指的是專注時臉部肌肉緊縮而產生的緊張表情，並不是因為與演講者產生共鳴，而是因為傾聽者精神緊張，肌肉收縮。「真不明白，為什麼每個星期天下午我都會莫名其妙地氣喘？」一位女士訴苦道。每個星期天上午，她都習慣去聽傳道。傳道者說話極為有趣，但語速很快，思路轉換突兀，需要轉幾個彎才能恍然大悟。她所有的神經，有用的、沒用的，都緊張起來，屏氣凝神地傾聽傳道者旁徵博引，高談闊論，傳道者的每個動作，她都用雙倍的力氣應和——傳道之後，她就會百思不得其解：為什麼是星期天下午，而不是其他時間，自己會感到呼吸困難呢？我跟她講了自然界的規律，告訴她違背了這個規律，然後她漸漸明白了氣喘的原因。這個例子非常有趣，甚至好笑，但卻很好地解釋了許多相似的神經受到侵擾時會發生的情況，只是程度大小不同而已；這樣我們就很容易地明白，神經在受害者無意識的情況下，日復一日地被侵擾著，遲早讓受害者患上某種神經衰弱。

聽音樂時，也會出現同樣的心態與效果。人們有同感，就算享受了兩個小時悅耳的音樂後，仍會感覺非常疲勞。老實說，在欣賞完一場精采的音樂之後必須休息一下，前提是這場音樂會的時間不是很長。然而，我們的生活方式被扭曲了，再加上前人所犯錯誤的影響，我們總是習慣了違背自然之道。人們普遍認為，如果身心不緊張起來，怎麼能投入地欣賞音樂呢？實際上，只要遵循自然法則，就可以盡情地欣賞音樂。如果精神完全放鬆，人就會跟隨音樂的節奏，跟隨真正自然規律的節奏，伴隨著上帝給予的震顫力量，發出和諧、悅耳的共鳴。其效果一定既讓你休息到了，又讓精力得到了恢復——除非是單一神經震顫持續時間過長的情況，那就違背了另一個自然規律。

只要用力，身體就沒有任何機會實現真正的放鬆。只要精神力量用力方向錯了，我們就不可能全神貫注地聆聽音樂。就好比一架鋼琴，如果有人在拉琴弦，鋼琴就不能發出奏鳴曲的和諧音調。但是，可憐啊！緊張的性格現在非常流行，導致許多人患上了慢性緊張症。即便自由自在地放鬆一天也是不可能的，就如同人們不情願自由地接受對人有恆久益處的自然規律一樣。只有耐心、細心與關心，我們才能傾盡全力去接受及給予，而不再成為它們的絆腳石。

到處都有無法自然地聆聽音樂的人——這些人是實實在在的音樂家，他們一聽到音樂，就會情不自禁地精神緊張。他們當中的大多數都很出色，感官敏銳超凡。只要大腦一工作，就會不自覺地神經緊張。很多情況都非常明顯地表示，神經刺激似乎經常來自被誤導的思想。受誤導思想控制者的智力通常會下降——這闡述了一條規律：當小溪流向草地的各個方向，就失去了匯集成河流的強大力量。很多情況下，緊張的神經會帶來反常的智力行動。幸運的是，為了國家的將來，很多人開始為自己的身體著想，開始自然地生活了。看到這一點讓人很欣慰；但他們只在乎自己的身體，太過輕視他人的生活，不能恰當地關心及思考他人，這顯得過於自私。

另外一種經常用到大腦的方式是使用眼睛。長時間地看畫展是多麼地令人疲勞啊！眼睛用力的強度比耳朵還要大得多，因為所有的畫作及色彩都同時展現在我們眼前，形式迥異，色差強烈，不能給人足夠的適應時間。用眼時間越長，就越應注意方式。欣賞繪畫作品，不該過度用力，應該沉下心來，讓作品走近你。知道何時停留片刻、暫時不欣賞作品，可以預防疲勞，對作品的印象也會意外地增加。從車窗欣賞風景或其他任何有趣的事情，都是這樣的道理。我從未想過責備人們自然地表達愉悅，也不是說人們應該表現得漠不關心或者索然無趣；相反地，我想說，越能避免虛假，就越能獲得真正的興趣，而真正的興趣也越能真實地表現出來。

發現這些不必要的緊張行為難道不會令人聯想到自己嗎？一段時間內當然會，但我們必須這麼做。意識到臉上的汙漬，才能洗掉它。洗過之後，就再也不會想到它了。要避免弊病，必須認識弊病。必須清楚地認識身體上所有的弊病，一旦這弊病讓你非常苦惱，你認為必須從自我意識中根除它，其必要性與你付出努力獲得成功的可能性成正比。

無論是藉由哪一個感官，讓人們接受或留下了某些印象，這時，只有大腦在單獨工作；只要不受精神誤導的干擾，人就會獲得新的動力，機體就會獲得休息，大腦也會靜心工作，而不再無意義地浪費任何氣力。然而，一旦實現了真正的輕鬆自在，就意味著人們不再受自我意識的干擾，也不再受到過於重視自我意識而產生緊張感的干擾。

現在我們來研究一下大腦是如何指揮身體的。

是什麼力量十分強大，卻又被人忽視，能夠被用來支配說話過程中的手、肩、腳乃至整個身體的隨意動作，以及受神經系統控制、有意識的舉止行為？令人好奇的是，平時我們在說話時常不自然地抱著肩。一個正在接待客人的女人，不但要自己說話，還要應答客人的話語，因而最後感到雙倍的疲勞。經常有人抱怨說：「待客太累人了。」說這種話的人不僅是那些受「美國病」影響的人，還有那些未受它影響的人。「你當然會累，誰叫你做那麼多多餘的動作呢？」這無疑是一個誠實的回答。有一個簡單的辦法可以使她免除不必要的勞累：如果她是一個明智之人，那麼當她意識到自己講太多了的時候，就應該及時糾正，少量的話語並配合必要的簡單手勢即可。這一轉變不但不會影響表達，反而使表達更加清楚，因為言談中不必要的動作，反而會影響真實的想法及內心感受的表達。

美國人的嗓音——尤其是女人的嗓音已經被抨擊好多次了，而且抨擊得很有道理。一個女士的餐會，有一個生動的比喻常常被人提起：養雞場，因為女人們刺耳的笑聲比一大群母雞的叫聲還要難聽。如果我們欣賞的是女人的天然、圓潤的嗓音，那麼這些刺耳的聲音如同在廚房裡設宴一樣令人難以忍受。

優美的嗓音常被比喻為威士忌、橄欖油和葡萄酒。我們的嗓音中大部分都找不到威士忌和橄欖油的味道，而嗓音中的「葡萄酒味」，比香醇正宗的葡萄酒又差得遠了，反倒更像廉價、嗆人的紅醋栗酒味。嗓音生理學不是本書的討論內容，我們只是在研究能直接引起麻煩的因素。本應用較發達的橫膈膜發聲，但現在用的卻是更為柔嫩的肌肉，這有點像迫使一個人去做十個人的工作，而最終的結果必定是那個人因過度疲勞而徹底垮掉，另外那十個人則因為肌肉得不到鍛鍊而荒廢了。牧師的喉嚨痛就是這個原因；很多外行人的嗓子有毛病，也是因為說話時用力不當。一位出色的發聲訓練師曾對此有生動的感慨：「一位古代哲學家曾說過：『靈魂依託在橫膈膜上，話語產生於那裡；但當你把話語硬生生地從那裡擠出來的時候，它一生出來就是死的了！』」

很少有人會花時間和精力去特意訓練發聲。儘管這樣的訓練在美國的學校應該是一大特色，但實際上它並沒受到重視。如果它受到重視了，也要從訓練教師做起，因為發聲的問題在教師當中相當普遍，在公立學校的教師當中更是如此。一間寬敞的教室裡，老師正在說話，如果老師以一種淡定的語氣說話，會讓人印象更加深刻，因為聽者更注意的是老師所講的內容，而不是聲音本身。老師的聲調越高、用力越大，疲勞感就會越強。通常，柔和的聲音對學生更有效。與其說又尖又高的聲音能表達真實的情感，還不如更確切地說是隱藏了情感。沒有時間或金錢進行專門的發聲訓練沒關係，只要時時刻刻注意著，經常提醒自己要「降低聲調」、「說話再輕柔些」就行了。如果從老師到學生，從母親到孩子，每個人，尤其是女人的聲音都能發生改變的話，那麼全美國的聲音就會發生改變，這對國家的發展大有好處。

一名老師在一間寬敞的教室裡點名，那聲音就像是在一間小屋子裡對一個孩子說話那樣輕柔；而每個女孩在應答時聲音也是同樣輕柔。聽到這樣的聲音而產生的喜悅之情，讓人難以忘懷。在抵制尖銳的美國腔調這件事上，即使是像點名那樣的日常小事，也不應該被遺忘。

兩個人正在辯論，隨著辯論的白熱化，兩人的聲調也越來越高。在這種情況下，控制住情緒最好、最有效的辦法就是降低聲調。實際上，神經系統和聲調兩者之間經常相互作用。人在降低聲調後，更容易消除多餘的緊張。

「說話時避免用力過度」是一個簡單又有趣的方法，意思是說別把身體弄得太緊張，否則會干擾真實想法的表達。用力彈鋼琴或用力拉小提琴，都會影響情感在音樂中的表達；同理，發聲時多餘的用力也會無法在話語中表達出情感。事實上，自然的方式和人們濫用力氣之間的對比，在發聲上比在演奏樂器上更為明顯。

對於神經衰弱或神經過於緊張的人來說，最需要的就是輕柔、圓潤的嗓音。神經緊張的女人說話時，嗓音也不一定是又高又尖，也有的很低沉；儘管不好聽，但同樣能被已適應了緊張語氣的人所接受。和高聲調的嗓音相比，這種低沉的嗓音讓人更難放鬆下來。在緊張的聲音中還夾帶著一種強加的鎮靜，它被說話者引以為傲地看作是自制力的表現。

另一個讓女人感到疲憊的原因，就是做縫紉工作時肌肉繃得過緊。女人常抱怨說：「後頸痛死了。」正確的解釋就是「你工作時後頸太用力了」。因為縫紉時腰部用力，所以腰部才會這麼累；腿部和胸部亦是如此。無論哪裡的肌肉感到痠痛，都是不自然的用力過度造成的。一旦意識到這點，馬上糾正，兩三分鐘內緊張的肌肉就會放鬆下來，然後女人們再用正確的肌肉，正確地用力去做縫紉工作。在縫紉過程中感到過度疲勞的原因之一，就是肺部過度緊縮。其實只要安靜地、放鬆地緩慢呼吸，不用停下手中的工作，這個問題就能解決，關鍵在於不要牽動肺部的肌肉。此時的肺部就像一個皮球一樣，要完全依靠外界氣壓的改變而進行膨脹與收縮。這樣一來呼吸的速度就會變慢，但感覺會很舒服。經常進行安靜的深呼吸無疑是一個放鬆的好辦法，只要人們願意對此深信不疑地堅持練習，效果一定很好。而對於這樣的效果來說，練習絕對是值得的。如果百分之九十的婦女都寧願脖子痛，也不願停下來利用一點點的時間稍做調整、避免疼痛，這種現象其實並不誇張；當女人們因此變得筋疲力盡，並受一系列相關疾病所困擾時，她們又會自怨自艾，並博得了大家的同情，然後再抱怨老天待她是如此不公。可是上帝從來沒有故意地折磨任何人。祂制定了健康、完美的規律，如果人們違反了規律，勢必會受到懲罰！這就像我自己用頭去撞石頭，然後再質問上帝為何要讓我頭痛一樣毫無道理。當然會有一些遺傳性的肉體或精神疾病，但依照上帝的規律，在經歷了遺傳性疾病與其他挫折的磨練後，獲得的敏銳洞察力和力量彌補了表面上的損失。

在寫作過程中也會出現不必要的神經疲勞。和做縫紉工作時一樣，寫作時肺部也會緊縮，也可以用同樣的辦法解決，儘管在做這兩件事的時候，根本就不應該出現這些問題。透過緩慢呼吸來放鬆的辦法仍然有效，而且在一個人久坐之後這麼做是非常必要的。幾乎所有有點緊張的人都會握著一支鋼筆，就像是有一股不明力量要把筆搶走似的。他們閉著嘴、收緊喉嚨、咬緊牙關寫著字，身體的其他部位也都繃得緊緊的。如果改變到相反的極端，似乎也不是一個解決問題的好辦法。寫字人的手會因長時間緊握著筆而感到麻或痛，但只需每隔一個或半個小時就舒展一下、活動活動肌肉，問題就迎刃而解了。如果這種舒展活動重複做六次，而每次活動後都是輕輕握筆，那麼很快就會改掉緊張的毛病。不過如果你是一名長期從事寫作的人，那你就得長期堅持這種手部運動了，當然，不用像最初活動時那麼頻繁。

和攙扶病患一樣，在搬重物時腳用力踩地，同時讓腿部用力，背部的負擔就會瞬間得到緩解。這個辦法可以使神經放鬆，並緩解脊椎的負擔，從而避免脊椎負重過度而神經衰弱。我曾讓護理師們實驗過這個方法，在實驗前和實驗過程中不斷叮囑她們：在抬起和放下患者的時候，必須讓整條腿的肌肉都用力。完全掌握了這個新方法後，她們驚喜地發現，這樣做可以省下很多力氣。其實全部的奧祕就在於用力的時候，不是神經繃緊，而是肌肉用力；也就是該指揮的指揮，該用力的用力。

以正確的節奏走路不僅使人感到愉悅，還能讓人平靜，因此沒有比走路更能讓大腦放鬆的事了。然而我們卻總是不按正常的走路規律走。或許是因為衣服款式的限制，女人們走路的時候總是把身體繃得緊緊的，似乎是害怕一旦放鬆，身體就會摔成碎片一樣。正因如此，女人們在走路的時候總是晃著肩膀扭著臀，兩隻手臂也不是自然擺動，而是保持著一個僵硬的姿勢然後用力前後擺動。一名普通婦女如果端著手臂走路，那麼她走五英里所用的力氣就夠走六英里了。此時，她喉嚨的肌肉也得用力，而最受罪的部位就是她的腰。腰部繃得緊緊的——這股力道可不小——用力幫助腿部進行運動；可是如果不多此一舉的話，腿部可以自由擺動，而腰部也可以完全放鬆下來，隨著走路的節奏自然扭動。當然這種費力不討好的事是由神經緊張引起的。如果長時間用這種不正確的姿勢在戶外行走，根本達不到走路應有的效果。走路要先做到用肌肉用力而不是繃緊神經，同時按照自然規律行走——甚至可以說任其自由活動，不要強加干涉。著急時也要用肌肉用力，不要用神經用力。尤其是追趕火車時，由於害怕趕不上火車而產生了焦急的情緒，這種情緒會引發出所有不必要的緊張，不但無益於快走，反倒會減緩前進的速度。這與前文提到的原理相同，只不過這裡是要求人們保持平靜，只讓腿用力而已。遇到緊急情況，在無法被人提醒的情況下，要讓神經始終只有傳導資訊的作用——而且是平靜地、正確地傳導，只有這樣肌肉才能更好地發揮作用。

在跑步過程中也是，如果沒有專門訓練，在所有的身體活動過程中都會存在類似的問題。想要進行自然的運動，需要從新的角度考慮問題，但目前我們還只是在做改正錯誤的工作。

第四章

面對神經緊張的根源

忍受疼痛的時候，神經緊張起來的速度是最快的。多數人認為面對疼痛應該振作起來，而且在忍痛過程中常常要表現出頑強的意志。不過，唉，在疼痛過後，被誤認為是頑強意志的神經過度緊張就會顯現出來。我並不是說痛也不能有反應，但是忍受疼痛時神經繃得越緊，之後的反應就會越大。實際上在外科領域裡，大家公認，越是能忍住疼痛的患者，之後受的罪就越大。因為世界上有各式各樣的痛要去忍受，所以對如何忍受疼痛的研究當然有意義，尤其研究成果還具有實踐應用的價值。人們普遍認為握緊雙拳並繃緊全身肌肉，可以有效地忍受疼痛，因此更好或更自然的忍痛方式會引來人們的嘲笑。有的人會說：「能輕鬆面對疼痛的人當然可以這樣做；讓他們去忍吧，我可受不了。咬緊牙關去忍痛對我來說很正常。」我們所認為的自然方式，與符合自然規律的方式之間差別明顯，儘管前者總是被用錯。

疼痛是因某個神經系統處於不正常的狀態引起的。在忍受疼痛的時候神經繃得越緊，對疼痛就會越敏感，而疼痛則會加劇。反之，透過消除緊張來減緩疼痛，無論之後是何種反應，都是由疼痛引起的，而不是由為了忍痛而出現的緊張引起的。

但有人會對此提出反對：難道不是大腦發揮作用使神經放鬆的嗎？是的，的確如此，但影響力卻沒那麼強大，並且隨著逐漸學會忍受疼痛，大腦的影響會越來越小。緊張感會快速消失，因為道路變得光明而暢通了，走起來自然會更順利。

有的疼痛好忍受，甚至可以透過繃緊肌肉來幫助忍痛，但是如果心中強烈想要平靜、輕鬆、自然地忍受這種疼痛，那麼肌肉用力也會變得協調，達到一個理想的效果。

看牙醫的時候透過放鬆神經來減少疼痛，就是一個最簡單的例子。看牙醫時多數人都會抱緊雙臂、伸直兩腿，盡可能地繃緊身體。所有的神經都因怕受傷害而緊張起來。

這種看牙醫時，持續一小時甚至更久的緊張所造成的疲勞廣為人知，在此不必贅述了。看牙醫時的神經疲勞大多不是真的由疼痛引起，而是由不必要的、怕痛的緊張情緒引起的。坐在診椅上完全放鬆下來，哪怕只是部分放鬆，也會感覺真的沒有那麼痛了。這也是克服普遍存在對治療牙齒的恐懼之基本方法。害怕牙醫，就會神經緊張、肌肉收縮；如果停止肌肉收縮與神經緊張，恐懼也會隨之消失。我可以放鬆身體，不再因恐懼而緊張；如果我一直覺得恐懼的話，那麼這就是放鬆因大腦失控而變緊張的神經及肌肉，一個簡單的過程。在訓練身體和恢復正常意識的過程中，指導教師通常必須從對身體的訓練開始，然後慢慢地誘導學生調整心態；當學生的意識與身體達到協調狀態，學生就必須自己去尋找適合自己的方法。

看牙醫時忍受疼痛的辦法也可以適用於其他疼痛，尤其是因神經過度緊張而被誇大了的疼痛。如果為了忍痛而繃緊神經的話，真的是毫無意義。

每個人都有他自己的痛——從治療牙齒的痛到最嚴重的痛，或是最痛苦的手術；每個人卻能找到更適合自己的方法減輕疼痛。當然在手術前也可以考慮採用麻醉劑，它可以使人輕鬆地度過手術期，效果更好，副作用更小。人很容易從生理上和心理上接受麻醉劑。如果一個人強迫自己外表鎮靜，而內心卻充滿恐懼，心潮澎湃，一旦他失去意識、難以控制肌肉的隨意運動，那麼大腦中的恐懼就會增強，抑制恐懼的意識也會隨之增強。

同樣的放鬆方法亦可適用於沒有疼痛的其他疾病。無論是恐懼、焦慮或是煩惱，它們引發的神經緊張都會折磨我們。我曾遇過一個婦人，應該早就康復的感冒卻遲遲不見好轉，原因很簡單，就是因為她一直為感冒苦惱，神經始終處於緊張狀態。還有一個令人哭笑不得的例子，患者一直為了他的病煩惱不已，竟然從未靜下心去找個有效的治療方法。他總是不等一種治療有結果，就再度去尋找另一種治療方法，結果一直被病痛困擾，花了好幾個星期才治好。這種情況並不少見，也並不僅限於感冒上。

有時，我們的錯誤做法也會使疼痛加劇，使早就該好的病拖延了很久還沒好，而朋友們在對我們表示「同情」的同時也倍受折磨。

第五章
情感中的神經緊張

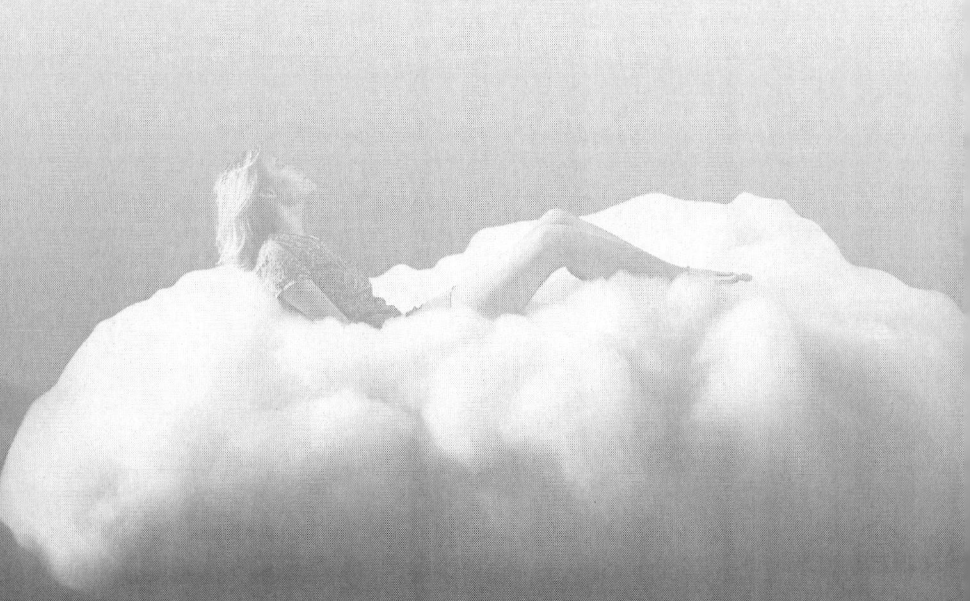

最嚴重的神經折磨來自於被誇大的、不必要的、不真切的情感。我們每個人都有一個情感顯微鏡，其放大能力與神經系統的超敏感度成正比。如果一個人只是有一點點累，小到甚至不易察覺，經情感顯微鏡放大後被擴大了好幾倍。如果是非常累了，情感顯微鏡繼續放大，直到人們把自己折磨生病為止，這都是自找的。

這種錯誤情感的持續增強並不是神經疲勞導致的。許多人因為隨身攜帶他們的情感放大鏡，不能客觀地看待問題，而喪失了人生一半的樂趣，並且痛苦不已。如果疲憊的人們能夠稍做停頓，運用我們被賦予的能力去認識、理解自己所處的混亂狀態，然後再繼續前行的話，就會很容易意識到，由於疲憊，某些感覺被無形地誇大了；這時就可以稍做休息，放下情感放大鏡，不再讓過激的情感控制自己。人們甚至可以清楚地看到與生俱來誇大情感的傾向；將其克服後會感覺如獲新生。這一切必須由自己透過分析錯誤、積極糾正來完成；只有當自己意識到這一點，其他的談話、規勸及訓導才能生效。慘痛的事實證明：當看到朋友正遭受不必要的折磨，如果只是目光短淺地從他手中奪走情感放大鏡，結果只能是他的手越握越緊，而情感也越來越被誇大。仔細、按部就班的訓練有助於更好地將理論應用於實踐；隨著緊握放大鏡的力道放鬆，放大鏡也會掉落下來。

情感有時不是被誇大的，而是從一開始就是不真實的。它總是以病態的私人情感及所謂「宗教」的面目示人。不過這種「宗教」與真正的宗教無關，正如不正常的個人愛戀與真愛無關一樣。

值得注意的是，這兩種壞因素都非常有影響力，一旦被感知到，最容易演變成病態與異常的神經興奮。這種虛假非常逼真，甚至可以以假亂真。

如果告訴那些信仰偽宗教的女人們，她們所信仰的是一種假情感，一定會讓她們大吃一驚。儘管真正與虛假的宗教情感形式相同，還都屬於同一個團體，但兩者之間的區別相當明顯。

必須承認，這種虛假情感所引起的神經緊張在女性中更常見。這種現象普遍存在，令人擔憂。在學校中，所有老師對女生的壓抑虛假、發展真情的教育及幫助，都必須極度小心，且不能大張旗鼓地進行。任何了解小女孩的人們都深深地了解病態的過激情感對她們脆弱神經的傷害。這種情感生動、真實地呈現在女孩子的面前，但卻是假的。千萬不要傷及女孩那種錯誤的真實感，總有一天，她們自己在認清這種虛假的本質後，會真心誠意地想要擺脫它。

如果學校由一位極具魅力且喜歡被讚美和熱愛的女人來管理，那麼這所學校就很可能因女生們對老師的喜愛，而長期處於一種狂熱狀態。在接觸不到老師的情況下，這種情感就會在學生當中互相傳遞。如果此種情感遍及全校，那麼只有感覺遲鈍、情感冷淡的人才不會淚如雨下或歇斯底里。

一般來說，女孩會一下子對這個、一下子對那個產生病態的喜愛，直到有一天她似乎已經喪失了良好的、健康的情感。雖說有些奇怪，但這個過程卻使女孩的心變得越來越硬。如果一個男人或女人長期遊戲人生，就會得到相同的結局：感覺變遲鈍，心理和生理上都變得脆弱；這與長期服用興奮劑後感官變得麻木是一樣的道理。

大多數非正常的情感狀態都是表現在熱戀中的女人身上，但有時也表現在男人身上。他們自己的感覺是非常真實的。也許這麼說有點殘忍：「親愛的，妳一點也不愛那個男人，是妳的情感在作怪。一旦有更出色的人出現，妳的情感就會立刻轉移到他身上。」其實不用說這麼多話來勸女人，只要稍做誘導即可。有一天她會自己清楚地意識到這個錯誤，甚至還會覺得可笑；而在此之前，她還覺得這種病態的情感是如此真實。

有多少愚蠢甚至瘋狂的行為，是源於虛假的情感及其導致的神經躁動，或是源於神經躁動及其導致的虛假情感？

首先應改變人的不健康神經狀態，為她找到健康的出口，引導她進入健康的通道，幫助她更好地實現自制，使她的頭腦更清醒，這樣才有可能健康、正常地運用她的神經做事。如果可以，騎騎馬、游游泳、呼吸呼吸新鮮空氣及做做運動，都可以是一個良好的開端。一個吸足了新鮮空氣、做足了運動的女人，可以像除掉老鼠或其他害蟲一樣除掉病態情感的印記。

真正的情感無論是痛苦還是欣喜，都會讓人充滿力量；而虛假的情感毫無疑問會讓人在精神及肉體上萎靡不振，除非人們意識到這是個虛假情感，並自動把它刪除。看到女人們因受到虛假情感引起的神經躁動而倍受折磨、衰弱不堪、精神頹廢，我不禁感到莫名的悲傷。很少有母親或老師會去關心女孩的情感發育是否健康、是否擁有一個正常女人所具備的同情心。

在大學裡流行的一句話，最能生動、貼切地描繪嚴重的神經興奮與控制力的缺乏，那就是「無酒之醉」。我覺得虛假感情就像是女人喝醉了酒，而神經衰弱就像震顫性譫妄。有些人的人生理念是：倘若朋友掉入沼澤中，那他就要跟著跳進去；如果泥沼已經淹沒朋友的腰部，那他就應該淹沒到脖子，只有這樣才能表示出他的友情。然而，事實很明顯，朋友在沼澤中陷得越深，我就越應該站在安全的地方，這樣才能救他出去；有時即使我不能伸手營救，卻可以用長竿子把朋友拉出來，讓他遠離危險。在精神和道義上也是同理。我們當中有很多人身陷神經泥沼之中，但很少有人覺得用長竿救人是個好主意。如果朋友哭我不哭，朋友抱怨我不隨之抱怨，總是拒絕與朋友一起悲傷，那麼我的朋友及我朋友的朋友都會責備我冷血、缺乏同情心。其實我不跟他一起悲傷是因為或許我真的能幫他擺脫困境，讓他不再悲傷。人們拒絕拉住你遞過來的長竿，是因為你沒有把竿子扔到一邊，縱身跳入泥沼與他們共患難。

濫施同情心導致神經緊張的原因一目了然。有一天，一位在大城市醫院裡工作的護理長正在吃飯，突然他的晚餐被打斷了，一名遭遇事故的傷患被送了進來，引起了護理師們的注意。可是當傷患被送走後，護理師們卻因為大發同情心而沒了吃飯的胃口。護理長告誡她們：如果真有同情心就應該趕緊吃飯，這樣才能有精力去照顧傷患。那些濫施同情心的人從這條告誡中受益非淺。

當然你也有可能變得鐵石心腸，因為無情而繼續「吃你的飯」，只對自己有同情心。但是區分強烈的、健康的同情心與自私無情是很容易的一件事；而區分真假同情心更是容易。假的同情心只會讓人感到無力，但真的同情心卻能讓人充滿力量，為他人造福。

我們研究了各式各樣的神經緊張，讓我們一起認清其中的假同情心，並堅決避免濫施同情心。

當然，虛假的感情總是誤導人們。經常會見到有些女人因精神空虛而神經衰弱。那些無聊至極、無所事事的女人總是得這種神經衰弱，她們從未想過也不願去改變目前的狀態，去做些慈善事業或是為他人做點什麼。處於這種狀態的女人就好像一臺蒸汽機，火燒得正旺，鍋爐被悶在裡面的蒸汽脹得搖搖晃晃。

有一個較特殊的例子：有一個年輕女人，從小被當作神經病患養大，後來得過神經衰弱；在她的狀況剛得到改善時，還以為自己隨時會舊病復發。在她能較好地控制自己的神經後，馬上開始試著正常使用自己的神經功能：剛開始一點一點地來，然後逐漸加大難度；直到有一天，她突然發現自己竟然能夠忍受別人忍受不了的事情了。

其實解決這個或是這類問題的良方，就是要客觀，不要主觀。遵循的主要原則就是：向外看，別往裡面看；向上看，別往下看；施以援手。要循序漸進地履行這一原則，去治療或預防「美國病」。

和缺乏愛心相比，對別人濫用愛心更容易引起神經緊張，及其一系列的不良後果。有太多人願意在朋友面前充當「救世主」。這種目光短淺的「殉難」行為愚蠢且自私。直接這麼說似乎有點不妥，但稍加思索就會發現真的是那樣。

一個女人為了朋友而透支了自己的健康。即使不能說她的付出與所發揮的作用完全不成正比，但至少可以說，她的過度疲勞使自己在其他方面也產生不了什麼作用了。結果是弊大於利，得不償失。

許多女人會繃著臉說：「要是你知道我有多麼努力想辦好事情就好了。」要是她在此時能懂得什麼是「矯枉過正」就好了；要是她能意識到過度的努力會讓她一無所獲就好了；要是她能輕鬆面對一切，那她一定能有無比巨大的收穫。

神經興奮的最大受害者就是那些從不表露情感的人。「壓抑情感」的行為加劇了神經緊張。正如一個把恐懼感深埋心底的人在被麻醉後，肌肉一旦放鬆下來，被壓抑的恐懼感就會在大腦中反覆出現。因此當肌肉有意識地放鬆下來，神經興奮就會像火山一樣爆發出來。對於總是壓抑情感的人來說，可能有好長一段時間都會覺得這有些不可思議。

真正自制力與單純情感壓抑之間的差別，和天然與人工之間的差別一樣，是無法衡量的；真正的自制力所具有的強大影響力，無法用言語表達，只有親身體驗才能了解。

許多人都知道緊張的情緒如何影響我們。壓抑了許久後，一旦觸碰了「開關」就會一發不可收拾，用一連串的憤怒言語發洩。單純地放鬆肌肉與神經比用言語發洩更加有效；這聽起來似乎有點無聊，但事實卻是如此，而且它還是從醫學角度來說最有效控制大發雷霆的辦法。也是這個辦法使我們能夠更好地控制自己的脾氣；它不是讓人變得馴服，而是讓人過得更好。我們沒有因為發脾氣而身心疲憊、神經混亂。更明確地講，就讓它順其自然，別用神經控制脾氣——你並沒有真的丟掉了脾氣，因為你知道它還在那裡。平時順其自然，只在關鍵的場合讓情緒得到更好的控制。

也許讀者會覺得實際做起來困難許多。當然大家都希望自己能真正控制好自己的脾氣；不過不能急於求成，要一步一步地來，會達到意想不到的效果。我們一定清楚地知道我們要什麼、怎樣得到它；這不難做到，一旦意識到這點，並在實踐中有過成功的嘗試後，就會逐漸形成這種能力。一感到生氣，就提醒自己「發洩出來」吧；但是有人會說：「我不想發洩出來。」他們這樣說僅僅是因為不習慣那樣釋放自己。當我們大吼大叫發起脾氣來，就會感到一種釋放，但也會有一種非常不舒服的感覺，越是感到對別人造成傷害，這種感覺就會越明顯。如果我們「放鬆」了，自然會感到寬慰；到時不但不會感到不舒服，還能看清楚到底該不該發火，想清楚如何正確解決讓我們發火的事。

輕微的發怒可以用同樣的辦法處理。因為神經已經有所反應，乍看似乎不可能「放鬆下來」；但是只要得到果斷的處理，就不會長時間生氣了——不生氣其實如此容易、如此舒服。

眼看就要發火或攻擊人的時候，如果能夠短暫放鬆一下，效果一定會令人滿意的。但是這麼做看起來有點可笑，所以必須偷偷地做，這樣就可以在不被注意到的情況下放鬆自己，大家看到的只是一個好的結果。我知道人們會說，任何轉變人類想法的事都能用於控制激憤的情緒。其實這只在某種範圍內才有效，而且它只能產生簡單的控制作用。轉變想法可以緩解神經的興奮、轉移注意力，從而放鬆。

比控制自己更簡單、更容易達到效果的，是面對他人暴怒而不回應的能力。我們只知道別人容易對壞脾氣作出回應，或者說是易怒的性情等等，但卻從未體驗過平靜地放鬆、對他人的暴怒不予回應的那種釋然感。這樣做不但可以擁有一顆友善之心，保持頭腦清醒、不必神經緊張，還能避免神經衰弱。

從實務上來說，可以藉由肌肉訓練來實現對神經更好的控制。這種訓練可以使意志放鬆，讓神經與肌肉達到自然、健康的平衡。

個性的敏感從很大程度上來講是一種神經緊張。有一個緩解敏感的例子非常具有說服力，值得一提，但所採用的方法聽起來有些可笑。一位感情經常受傷害的女士來找我。我告訴她，只要一感覺到要有什麼事傷害她的感情，就馬上幻想著她的雙腿很沉重——這個辦法可以放鬆肌肉及神經，緩解由她的敏感造成的緊張；這個辦法似乎對她很有效。幻想桌子、椅子或其他的事很沉重對她都沒用，因為她要放鬆的是自己的身體，而不是別的什麼。她的敏感本來也不能有太深的影響，而外部的放鬆也不能完全達到效果；但是外部的放鬆有助於大腦進行更有深度的思考。

害羞及隨之而來的各種煩惱在相當大的程度上屬於神經緊張，對於那些想更好地支配身體的人來說，放鬆似乎具有神奇的力量，因為它能消除緊張。

關於焦慮，無論大小、輕重，說多了都會讓人覺得乏味，也沒有那個必要。對於思路清晰的人來說，簡單幾句話就能解決問題；而對於其他人來說，說再多也沒用。

輕微的焦慮最消耗人的精力，不過值得慶幸的是，它也最容易被解決。透過放鬆長期處於收縮狀態的肌肉，我們似乎打開了一個通道，而焦慮就順著這個通道釋放了出去。這個比喻雖然不是十分科學，卻能說明道理。有句老話：「憂慮對她猶如鴨背上的水，毫無作用。」說的就是這個道理。有些人能輕易擺脫憂愁；但有些人卻擺脫不了，並為此付出沉重的代價。

永遠不要抵制焦慮。越是壓抑，焦慮就越嚴重。抑制焦慮帶來的緊張感，使擺脫焦慮變得更加困難。平靜地放鬆肌肉與神經、忽略焦慮，焦慮就會消失得無影無蹤。接下來要討論的是焦慮的無用之處，並「解決」自由問題。

對於多數人來說，只放鬆一次、兩次或九次就能消除焦慮是不可能的，而那些焦慮的人就更不可能了。如果真想獲得自由，就要花很多時間去研究什麼是放鬆；一旦了解了，就能長時間保持放鬆。

在這裡還用那位情感脆弱的女人的辦法來對付焦慮，似乎有點可笑，但在很多情況下，這個辦法仍是有效的。當你開始焦急時，想一下你的腿是沉重的。你的朋友們也許會比你更欣賞這種方式，他們的收穫也許會比你更多。

各式各樣的情緒對我們影響頗深，它們只不過是錯誤的神經力量罷了。這些問題我已經講述得夠多了。前面講過的一些例子足以幫助人們看清自己的問題所在——如果我已經說明白了如何透過肌肉訓練來緩解精神壓力，那我的目的就達到了。

身體必須服從意志的指令；意志必須向身體發出值得服從的指令。

人的真正情感是敏銳而強烈的，不可能被過激的情感完全排擠到一邊。對這些過激情感最恰當的稱呼就是虛假情感。如果我們能理解這一點、了解得更廣泛一些，教育孩子從小就提防這種病態的情感，那人類將會有多麼大的變化啊！

所有的醫生都認為，多數情況下的神經問題既不是疲勞過度，也不是精神緊張導致的，而是情緒上的緊張造成的。

只要想法正確、身體健康，最深的悲痛或最大的喜悅都能產生新的力量。但是，這需要相當長的時間；即使盡力去做了，心理和生理上的準備也都需要很長的時間。

各種利己主義即使不是虛假的感情，也會造成巨大的神經緊張。醫生們都知道強烈的利己主義常伴隨著神經衰弱。有人曾恰如其分地指出：精神疾病是由利己主義造成的。看起來似乎是如此，因為這方面的疾病往往先表現在神經衰弱上，然後再逐漸惡化；我們應避免過度關心自己。

我們主觀的生活方式如此地根深蒂固，不但沒有幫助我們達成所願，反倒使我們只在乎自己、自己的興趣及利益，從而停滯不前。我們經常遇到因為精神緊張而日久成病的案例，討厭的「自我」簡直就是一個魔鬼。「我受不了了」、「我要生病了」、「要是你知道我有多痛苦就好了」，我們為什麼要知道呢？我們又幫不上什麼忙。因此，一直以來永遠都是「我」、「我」、「我」，越是這樣，神經就越緊張。

保持冷靜，生活就會變得如意；敞開心扉，天地就會更加寬廣。如此一來我們就能擁有大自然賦予我們的一切，按照自然的規律生活，這才是最真、最好的。我們可以像小孩子那樣幸福地生活，只不過比小孩子更有智慧。

第六章　大自然的教導

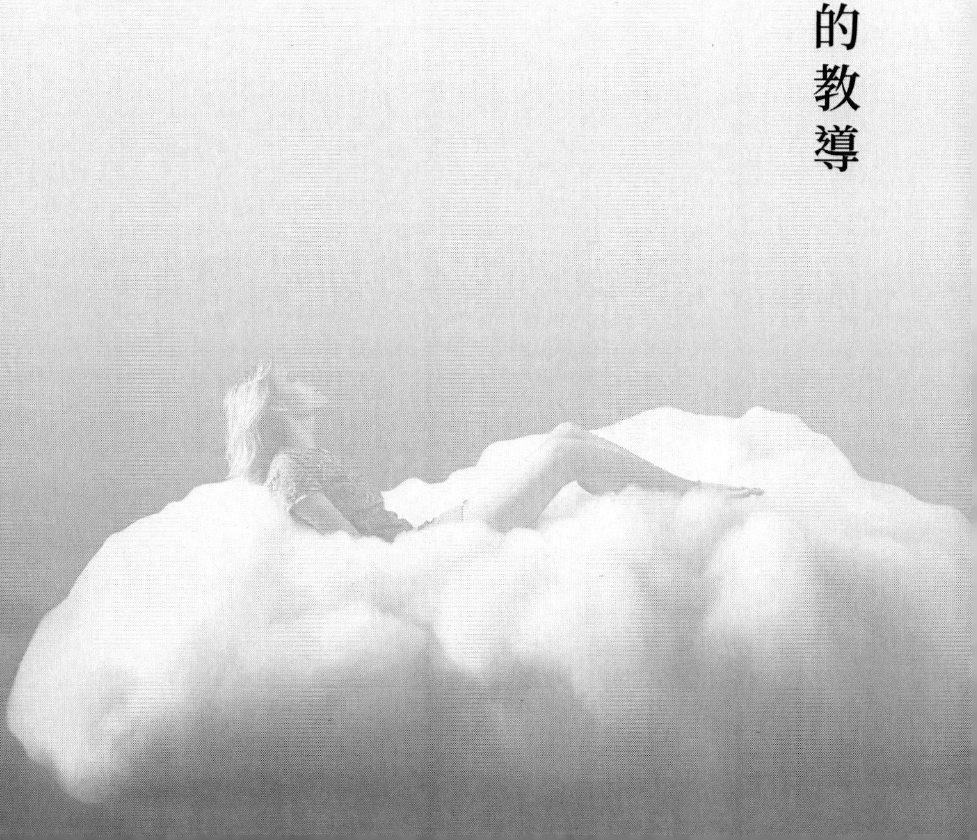

如果我們能遵循自然規律，不隨意打亂它，那麼大自然將不僅是我們在肌肉訓練中的教練，還是維持及控制「身體機器」正常運轉的工程師。

這就是力量的源泉。我們意識到大自然發出的力量，而且還發現她就存在於我們的體內，督促我們前進。

我們都認為自己是遵循自然規律的，結果卻驚人地發現我們錯得多麼離譜。我們這些每日忙碌、無暇顧及自然生活的人，如果每天肯抽出十五分鐘好好考慮一下這個問題，就不會虛度光陰了。我可以虔誠地說這才是應該最先做的祈禱。在完全按照自然規律做事的同時才能向上帝真心祈禱、依照上帝的旨意生活。

努力去見識一下自然生長和活動的無窮力量吧。從小草、樹木、森林乃至地球上所有植物的生長、天體的運行，到人體的成長及下意識的舉止行為，無不蘊涵著能量。

無法用言語來形容自然界中蘊涵的能量，較好的辦法是藉由樹木的生長來看大自然的發展過程：樹液從樹根輸送到樹葉，然後開花，最後結果。也可以從簡單處著眼：花草、樹木的生長到地球的運轉，再到宇宙中天體的運行。在腦海中想像著各種自然運動，慢慢地就會覺得自己彷彿置身其中。研究一下你自己的身體機能並牢記於心；注意觀察做所有受意志控制的活動時，你是如何違反自然規律的。

在每件事的背後都隱藏著一份鎮靜與從容。從瞬間的生長到猛烈的颶風，無一不是如此；無論大小事情，無處不在。對自然的研究與認識反映出我們缺乏這種從容、鎮靜。幸虧我們有所彌補，否則後果將無法想像。我們必須意識到彌補的必要性、必須找到錯誤加以改正。

如果連肌肉都放鬆不下來，又如何能指望精神放鬆呢？當「身體機器」連外部都失控了，那控制全身的神經當然無法讓行為達到最佳狀態了。當我們還不知道「鎮靜」為何物時，如何期望能在突發狀況時保持鎮靜呢？又如何知道它隱藏在每個動作背後呢？

試想一下，離開自然規律的控制，結果將是多麼地可怕。

地球處於夜間的那一側永遠不可能突然轉向太陽，在一瞬間給予黑暗中的我們光明。當處於黑夜時，就只有寂靜的黑夜；直到白晝來臨，黑夜才會離去。冬天的樹木就應該處於休眠中，為霜雪所覆蓋，永遠不可能結出星星點點的嫩芽；直到春天來臨，樹木才會抽枝發芽，呈現一片生機。該休眠時休眠，該開花時鮮花怒放；小草絕不會在冬天不合時宜地鑽出來，這樣會使天氣轉暖後草地斑駁不均；夜間凋謝的花朵從不在晚上半開半謝。在該休息時，大自然就徹底休息，甚至連不正常的想法都沒有。我們越是縱容自己忽視自然規律，我們就越有可能錯過她的美麗。然而在我們心中，一定經常無意識地回應著大自然，否則怎麼能在一有不符合自然規律的事時，就會察覺到不對勁呢？人們不僅可以遵守自然規律，還可以認識和利用自然規律。但是現實中人們的行為往往與自然規律相去甚遠，以至於完全意識不到自己已經違背了它。

下面來看看動物是如何休息的。把一隻非常安靜的貓舉起來，看看牠在此時是多麼享受地放鬆全身肌肉。牠不僅在睡覺時這樣，在休息時也這樣。無論牠的動作是多麼劇烈，一旦停下來，馬上就會完全放鬆下來；其他動物亦是如此，當然也有例外——人。人擅自更改了這一規律，打亂了正常的生活秩序。

觀察一下熟睡中的健康寶寶，抬抬手臂、抬抬腿，或是輕輕動動他的頭，然後你就會發現他一直都很放鬆、自在。你甚至可以把他托在手中，他會把自己徹底交給你的手，沒有一絲緊張。他小小的身體充滿了生命力，在充分的休息中獲得新的能量。嬰兒時期，睡眠是健康的保證。但是，唉！在很小的時候多餘的緊張就開始了，並持續成長著；即使沒有導致嚴重的「美國病」，也會妨礙力量的發揮。母親們，用心去呵護妳們的寶寶吧，因為小孩子從不懂得小心，也很少會注意自己的身體。引導孩子們遵循自然規律，按規律成長，使他們不必像我們這樣身陷傷害、緊張與麻煩中不能自拔。如果我們不在乎，孩子們會越來越濫用神經，並造成極壞的影響，最後無論怎樣都會有人受到傷害。既然還有可能繼續錯下去，那麼回歸自然生活就變得非常重要了！

可以肯定地說，自然本身就包含著一份從容鎮定在裡面，不必刻意去創造。人們可以自己決定是否要它，但在能夠做到之前，必須先克服內心的不安。除此之外，還要了解並克服由來已久的緊張習慣。從容鎮定一直存在於人們心中。每天想一下自然界中的那份平靜，再看看自己這方面的缺乏，這樣做能更好地促使我們意識到平靜的重要性。羅斯金曾說過極具說服力的話：「難道在人的臉上沒有輕鬆的表情嗎？難道他們沒說過這不是努力創造出來的，而是客觀存在並極具力量的嗎？」

我們認為最偉大、唯一充滿力量的行為就是創造天地。在它的背後隱藏著一份偉大的平靜。我們是創造的一部分，應該遵循創造的原則。讓我們把所有影響肌肉、神經、感覺、意志及心臟等發揮力量的因素都剷除掉。

透過對植物生長過程的研究，對自然規律範圍內的自由，進行深入的探索及了解，我們發現其實沒有限制也就沒有自由可言了。

對植物生長過程的研究包括對葡萄枝自主地從主莖吸取樹液的研究，和樹液在樹木或所有植物中自由循環的研究等等。試想一下，有一根葡萄枝正在生長，可能遵循了自然的生長規律，也可能沒有。假如這根葡萄枝把莖中的纖維都打上了結，決定獨立生長，那結果就是幾乎沒有樹液能輸送到枝條中去。如果是這樣，枝條上還能有多少葉子、花朵與果實呢？這個例子生動地說明了人們是如何擾亂自己的生活、讓它變得一團糟的。

自由就是遵循規律。一座橋，只有符合工程原理才能傲然挺立；電只有符合電的原理才能成為有用的能源。人類在行使個人權力的時候，有什麼特權可以違背自然規律嗎？當然沒有。一個人在工作中會遵守各種物理、機械及其他法則，但他為什麼會在處理個人問題時，公然違背這些法則呢？

動物按照本能活動的例子值得一提，在自由自在的老虎身上表現出來的優雅與力量妙不可言。嬰兒隨意的反應和表情也值得研究。但是在孩子還不到三歲的時候，就會開始變得拘謹起來。若不想這樣，就得刻意去訓練孩子擺脫限制；若想將力量發揮到極致，就得重新學做嬰兒，重回自由與自然的狀態。

在努力融入自然時，最吸引我們的就是週期性：行動，反應；行動，反應；行動，反應……周而復始，始終如此。能讓我們獲得最大樂趣的事就是把想像力發揮到極致，見識到自己參與規律運作的能力，並在週期性運動——從星體的運行到光和熱的輕微震顫中找出週期性。想想週期性的生長及運動，盡最大限度想像著自己參與到了每個週期性運動中，這麼做對找出週期性大有幫助。

四季輪換，晝夜交替，潮起潮落，所有動、植物的生長皆如鳥兒定期遷徙一樣有週期可循。此類例子比比皆是，因為世界萬物都遵循著這一規律。我們越是參與其中，對它的認識就越是深入。

宇宙的週期哪怕是發生一絲的變化都會引起災難，而我們這些凡夫俗子卻使自己陷入混亂之中，因為我們覺得自己是神，可以比上帝更好地指導我們自己的生活。我們可以遵守也可以違背上帝的準則；我們確信自己目光短淺的愚蠢辦法是最好的；確信大自然只是使生活的一部分有週期可循；確信我們不會把自己弄得遍體鱗傷。這一週期規律（或是動靜平衡規律）是肌肉訓練的終點、目標，也是結果。身體結構當中——軀體；血液循環，靜脈和動脈；肌肉，伸肌和屈肌；神經，感覺神經和運動神經——到處都有週期性可循。

當在長時間的活動後做長時間的休息；當在短時間的活動後做短時間的休息；當感覺和運動神經能清楚地感知外界；當身體裡不運動的肌肉完全靜止，而運動的肌肉可以很好地運動；當運動中的肌肉配合協調，平均受力；當屈肌靜止而伸肌運動——反之亦然；當所有這些活動和休息的能力自動地形成了，說明身體已經準備好聽從，或即將聽從主人的命令去做任何事了——藝術上、科學上，或是家務上的事。在我們愛上自然運動中這種輕鬆的感覺以後，沒有人能描繪出那種獲得新力量、絕對舒適的感覺。然而這並非不可思議，它只是一種自然的感覺而已。獸類也有這種自由，但沒有人類的這麼高級，也不會像人類那樣去體驗這種感覺。

一般來說，想要重新回歸自然似乎有太多的困擾及麻煩，但是身體畢竟只是一個「僕人」，無論肌肉訓練多麼完善，如果這個人，這個身體的主人，沒有把他的自然能力加以好好利用，那麼他遲早會喪失這種能力。自我感覺良好會束縛住自己；把自然的力量用於邪惡的目的早晚會限制力量的發揮。生活在不健康的環境裡，對自由的軀體是一個考驗，不過有人懷疑這種考驗有時來得太晚。回歸自然的同時還應遵循自然規律，崇尚自然精神。最大能力地提升意識，就是最大使用能力的提升。「耶和華所造的各適其用」，人的力量就是體現在對它的充分利用上。這是條真理，正如有必要昂首闊步一樣具有實際意義。

既然擁有像嬰兒那樣的自由就能獲得從容鎮靜，那麼就非常有必要研究一下，從嬰兒那裡到底能學到什麼。

嬰兒的平靜與清新是那麼地美麗，卻很少有人會去欣賞。這就像是在一架豎琴上演奏最輕柔的樂曲，而聽者卻充耳不聞。讓我們駐足、觀看、傾聽，看看我們能得到什麼！

一個健康的新生兒全身上下，沒有一個地方在浪費能量。嬰兒的哭泣似乎引起了臉部肌肉的收縮；但是哭聲一停肌肉也馬上停止收縮。仔細觀察一下才發現這不過是一種誇張的肌肉運動，並不是永久性的肌肉收縮。每塊肌肉運動的同時，都有與之趨勢相反的肌肉運動。事實上，哭的整個過程不過是一個有目的性的臉部肌肉伸縮過程。

檢查一下嬰兒床，就能發現嬰兒是如何完全放鬆的。我們理論上研究的東西被嬰兒付諸實踐；如果我們願意，我們也可以那樣做。

沐浴中的嬰兒又一次讓我們領略到什麼才是簡單與自由。小嬰兒泡在水中，帶著一種充滿感激的平靜；而我們這些遠離自然狀態、終日緊張兮兮的成人，雖身處舒適的環境中，卻不知道應心存感激。

其他方面也是如此。寶寶換個姿勢一定是因為這會讓他更舒服，因此根本不必干涉。如果我們也能學會這麼做，那麼必定能活得更長久、更快樂，力量也會與日俱增。

在無意識的狀態下，即使精神上不是自由的，肉體上也可以是自由的。嬰兒發脾氣的時候和高興的時候，用的力氣是一樣多的。直到嬰兒的性格發展到一定程度後——即孩子會對周圍環境作出反應了——這種狀況才會發生改變。他在處於平衡狀態的肌肉運動中消耗能量，當一組肌肉靜止不動時，另一組肌肉便會開始運動。偶爾也會有兩組肌肉一起運動；如果是這樣，運動和休息之間則又達到平衡。

本章的目的不是建議大家發脾氣，即使是以最妥當的方式發火我也並不提倡；但如果非發脾氣不可，那就像我們還是嬰兒的時候那樣發火吧！

如此一來，我們便不再亂發脾氣了；我們心智成熟，會客觀地看待問題；嬰兒即使比成人占有優勢，也不會隨意亂發脾氣了。

可以留意一下嬰兒如何打開嗓門表達自己的喜悅。還有什麼比這種自然的方式更自由、更動聽的呢？不過，我們得回答出到底嗓門得開多大，聲調得變得多高，叫聲得變得多尖銳、刺耳！我們能不能即使不放開喉嚨，也能像小孩子那樣自由地表達快樂呢？

嬰兒放聲大叫是身處危險中的一種自我保護。叫聲音量降低可能會使我們感到緊張，但是嬰兒卻「節省了感情」。

觀察一下嬰兒是怎麼吃東西的，可以與我們成人的吃法互相比較。嬰兒慢悠悠地、有節奏地吸著奶，與消化器官的運動節奏一致。這讓你覺得他的每一次吞咽都是恰到好處、益於生長的，因而有時有人會覺得他在邊吃邊長。沒有比嬰兒剛吃完奶的樣子更讓人心動的了；他的小臉蛋紅通通的，毛孔張開，表情安詳而滿足。周遭的一切忙碌對他來說只是一種無害的瘋狂。在自我意識發展成熟之前，他完全置身事外。

小孩子的睡眠也可以告訴我們，我們所需要的是什麼。小孩子睡覺時每塊肌肉都會放鬆下來，放下一切負擔；呼出廢氣，取而代之的是成長所需的物質與能量。小孩子在玩耍時也是那麼自由、放鬆，他們心無雜念，只專注於一個遊戲。他們玩滾鐵圈遊戲的時候絕對不會去想洋娃娃。他們在玩耍的時候絕對不會去想學習。審視一下自己，看看我們是如何處理兩者關係的。一個一歲大的嬰兒坐在沙灘上，把胖乎乎的小手埋進溫暖的細沙中，僅僅感受到細沙的溫暖與柔軟，卻忽視了身邊的空氣與色彩。如果我們也能如此全神貫注，也能純粹地去享受，那我們就會發現在工作和休息中潛藏著的更大的精神力量。

看孩子們專心做事是一件很有趣的事，因為從他們身上我們能學會如何快樂地生活。看著一個小孩逐漸長成少年，人們不禁喜憂參半，因為他在成長的同時，開始逐漸按照成人那種方式生活了。

在很小的時候，嬰兒在精神和肉體上的自由與平靜，就被他的啟蒙者破壞掉了。我們不可能準確指出到底是從什麼時候開始的，但這個時間點的確非常早，只有從事此類研究的人才會知道。孩子父母的感知力已經變得遲鈍，因此他們無法意識到培養孩子感知力的必要性，也不能做出完全可信的感知與判斷。

孩子們對待牙痛的態度不同也是同理。一個沒受大人影響的健康孩子可能偶爾會因輕微的牙痛而皺皺眉，接著注意力就被轉移到其他地方去了，因而精力得到恢復，可以應對新一輪的疼痛。但是因為受了大人的影響，小小的牙痛常被無形地放大，最後孩子被折磨得焦躁不安且疲憊不堪，與原來平靜、自由的樣子相去甚遠。

小孩子的肉體自由是精神自由的基礎，而大人們並不能把孩子們的精神自由完全毀掉。日常生活中表現出來的，孩子特有的率真及在學習知識時的敏銳反應都證明了這點。孩子被牽著手時的臉部表情能讓我們學到很多，相當值得研究。

如果我們也能擁有小朋友的心態，我們就會時常有種「身在止水旁」、「躺在綠茵上」的感覺。我們的精神世界應該發展得再快些，因為我們應該表裡如一，早日擁有上帝賜予的平靜。

讓我們以孩子為榜樣，並叫他們別輕易放棄這個好的心態。讓我們記住：自然與理想實為一體，要努力藉由自然的方式來達到理想的狀態。

既然傳統的方式不能讓孩子們變成理想的（也就是自然的）樣子，那我們就要先努力學著讓自己平靜下來，再引導孩子開啟通往健康與力量之門。

第七章

寧靜的狀態也需要訓練養成

我們如何獲得一份自然的平靜呢？還沒找到辦法就強調它的必要性是可笑的。很多神經緊張的人都會抱怨說：「能夠放鬆下來我當然會很高興，可是我卻不知道如何才能做到。」

正如體育運動能使肌肉發達，常規的神經訓練能使神經功能正常。顯而易見，這種訓練的第一步並不是強度訓練，女人在沒有學會正確用力之前，不能做高強度的肌肉訓練。看著女人在健身時吃力的表情，看著她們用高於常規力量五倍、十倍甚至二十倍的力量做運動，人們會感覺很恐怖。她們越是興奮，消耗的神經力量就越多，眼窩塌陷就越嚴重，表情也就越緊張。她們自己也會感到納悶：為什麼運動過後反倒覺得筋疲力盡呢？健身房中常見的情景就是人們，尤其是女人們，只進行腿部訓練，而手臂及手的肌肉則繃得緊緊的。當一隻手臂在做運動時，本應放鬆的另一隻手臂卻仍然繃緊。在四肢運動中的問題都這麼嚴重了，那麼在其他部位的運動中，問題一定更嚴重！在高空鞦韆的訓練中，每位訓練有素的特技師都知道，必須保持平和的心態與清醒的頭腦，肌肉運動要協調。我想起一個很著名的女子體操運動員，她的動作相當敏捷。但是在開始之前，她的臉繃得緊緊的，顯得相當緊張。在一旁仔細觀看她的人不禁開始懷疑，懷疑她在高難度動作完成前，是否會因過度緊張而折斷脖子。在意識到她正在過度用力之後，觀看她表演的那種喜悅也就大打折扣了。

如果觀眾更在乎的是運動員的用力情況，那名體操運動員及其他運動員就會趕緊去學如何更平靜、自然、省力地用力。而體育鍛鍊也會如查克雷博士描述的那樣「是一種訓練而不是折磨」了。

瞄準射擊，控制好肌肉非常重要。如果做動作的目的就如同瞄準的靶心，那麼在肌肉用力時，那種力量是多麼神奇啊！但是不可能每個動作都能做得準確又輕鬆。如果射擊時出現這樣的情況，那射擊的成績也就可想而知了。

體育運動對女人的健康很重要，要是女人在運動的同時還知道如何正確運動，那就太好了。在教練的指導下，分班訓練如何省力與有節奏地運動，只有這樣的訓練才會達到令人滿意的效果。為了真正實現肌體平衡，神經訓練和肌肉訓練同樣重要。如果不會正確使用神經力量，那麼肌肉越用力，神經力量的損耗就越大。發達的肌肉和不發達的肌肉不能用同樣的力，這與肌肉的鍛鍊絕不衝突，只是涉及到正確用力的問題。如果一部機器結構巧妙，卻因無法控制動力而趨於解體，那它還有什麼用呢？

完全不顧肌肉的鬆弛、不發達，單純進行力量訓練同樣是有害的。唯一的區別在於在此訓練過程中，會有一定的力量均衡訓練，然而肌肉的強化訓練雖然對神經系統有益，但如果濫用神經力量，反倒會使神經更加緊張，從而弊大於利。

訓練的目的是要讓肌肉與神經協調地發展；片面的訓練，無論是忽視神經訓練還是肌肉訓練，都應避免。

如果先找個孩子仔細看看他是怎麼做自然韻律操的，那就沒必要再對他進行訓練了。但對於我們這些過度緊張的人來說，還得進行耐心的研究。

我會在力所能及的範圍內對如何放鬆給予指導，但是，因為書面的指導容易被誤解，進而引起不良後果，所以我故意省略其他，只介紹最簡單的方法；我確信，如果嚴格按照指令去做，並有十足的耐心，結果一定會非常令人滿意。

首先應明白自己離肌肉能夠收放自如的程度還差多遠；和安靜狀態中的貓咪，或是熟睡中的嬰兒有多少差距；還有就是完全放鬆下來的可能性到底有多大。幾乎所有的人都會盡量挺直脖子，因為脖子不能放鬆下來。按照自然規律保持肌肉的伸縮，平衡效果最好。全身肌肉亦是如此。為了更好地使用肌肉，必須平躺在地板上，身體盡量完全地放鬆。地板比床好，因為地板不會像床那樣凹陷下去。每一天都能感覺到對緊張情緒更加敏感了；而每一天都能更好地消除緊張。平躺時，如果能找一個人來幫忙「證明」一下你是否放鬆了，那效果就更好了。讓你的朋友抬起你的一隻手臂，將各關節彎曲，再輕輕地把手臂放下；看看你能否讓手臂完全放鬆下來，完全放鬆的手臂就像三個鬆垮垮地綁在腕、肘、肩上的沙袋，不受你支配，完全任人擺布。此時的手臂充滿生命力，肌肉一點也不緊張。你可能會發現，要麼你會主動協助抬起手臂，要麼會下意識地阻止抬起手臂。活躍的神經力量有時會讓人聯想到鰻魚。

然後再用腿做相同的實驗。讓人把手臂或腿扔起來、接住；再出其不意地鬆開。這時如果手臂或腿沒有自然下垂，而是僵硬地迅速回到原位，就證明肢體此時還處於緊張狀態，做了白功。當你注意到伸展開的四肢時，你會問：「你到底想讓我做什麼呢？你又沒說讓我放下它。」這生動地反映出你的緊張，緊張得甚至有些可笑。實際上我並不想讓你做什麼，就是想讓你放鬆下來。握著你手臂的人如果對你說：「現在我要鬆手啦，它要掉下去了。」結果肯定是手臂垂了下去，但卻不是自然下垂，而是你讓它垂下去的。手臂要麼「砰」的一聲落下去，要麼緩慢放下，這就足以證明肌肉用力了。學著孩子的想法及反應，再反覆做實驗，會得到滿意的結果，至少會更加清楚該如何放鬆四肢。不過好景不長，一旦不像孩子那樣去做了，四肢很快又會緊張起來，甚至比以前更難放鬆。

接下來研究一下頭，當然，不能用測驗四肢的方法來做。方法是向後仰頭，當然做實驗者要張開手接住頭，千萬別讓頭撞到地板上，因為頭承受不住這麼強的撞擊。但是頭如果沒放鬆下來，後果可就危險了。首先把頭輕輕地上下晃動，這時會出現與手臂實驗同樣的情形：頭部要麼保持僵硬，要麼主動配合，有時，看起來讓頭完全放鬆下來似乎是不可能的。當然你若不想放棄，可以找朋友幫忙；如果你還是不能放鬆下來，應該這樣做：讓朋友扶著頭輕輕地上下、左右搖，再一圈一圈地轉，直到頭部完全放鬆，感覺就像一個任人擺布的大皮球。搖頭時必須小心，不能過於激烈，絕不能找一個毛手毛腳的人來幫忙。女傭們可以做得很好，不過剛開始時也要是在監督下操作的。

一位長期臥病在床的婦女就是一個很好的例子，生動地向人們說明了人是如何長期處於緊張狀態的。儘管長期患病，但她還是沒能參透放鬆的道理，不能像健康的人那樣放鬆肌肉。試想一下，臥病十年，一直處於緊張狀態，那會是什麼樣子！她的傭人按照醫囑幫助她活動關節。堅持了一段時間後，每次做完最後一個動作時，她都已經如嬰兒一般睡熟了。雖然這個辦法不能根治她的病，也沒指望能治好，卻使她能輕鬆面對疼痛，過得相對更輕鬆、自然。

在手臂、腿和頭都放鬆下來後，接下來就是脊椎和胸肌了。這回難度更大，不僅需要小心謹慎，還要求肌肉強壯有力。舉重時雙腳用力踏地、雙腿用力撐住，這樣一來緊張的程度會大大減少。

拉緊訓練者的雙手，使她保持坐姿。此時如果頭部肌肉相當放鬆，頭就會自然後仰。然後讓她身體向後靠，仍然拉緊雙手，千萬別鬆開；在身體躺下後，如果頸部肌肉已鬆弛下來，頭部必然會後仰，且姿勢極不舒服；把她的頭抬起、擺正。做到完全放鬆還需要一段時間。起先頭和脊椎會像鐵條一樣僵直。這時又會出現要麼主動放鬆，要麼維持原狀的情形；也會想放棄地說：「你要是能告訴我該做什麼，我就做什麼。」你不會意識到，此時的言行完全違背了訓練的原則——你不需要做什麼；一旦用力了，就不可能做到什麼也不做。在放低身體時，感覺就像在放下一袋連結鬆散的骨頭。有時也可以在身體馬上要著地時，先放開一隻手臂，只讓一隻手臂受力。受重力影響，身體會向放開手臂的那邊翻轉；在被拉著的手臂被放開之後，身體才又翻回來，背部著地。身體躺在地上的時候，要隨時注意把頭放好。有時也可以這樣放鬆胸肌和脊椎：推動身體使它側翻，然後靠身體自身的重量再翻回來；再推向相反方向，重複上述動作。分別放鬆了身體各個部位以後，再使身體整個放鬆一下是大有好處的。把身體翻來翻去，注意一下身體有沒有用力。顯而易見，如果身體完全任人擺布，就說明它已經能完全放鬆了。面對各種緊張狀況，放鬆的身體會變得更加敏感。雖說這樣不好，但結果卻是不錯的，因為只有認清問題才能解決問題。避免了各種錯誤之後，身體功能就可以發揮到極致。

先是在他人的協助下做運動，然後就可以自己獨立地做放鬆運動。做完運動後，身體變得靈活多了。正如之前做的那樣，躺在地板上、完全放鬆，自始至終閉著眼睛；停止思考，幻想自己很重；先幻想自己的一條腿重，然後再幻想另一條腿也重，此時要注意感覺兩條腿是一樣重的；然後依次是手臂、身體和頭部。發揮最大的想像力，幻想整個身體都很重，驚訝於地板竟然能承受如此重量。然後開始深呼吸，用鼻子慢慢吸氣，要有一種自己根本沒用力、是肺部自己在擴張的感覺。空氣緩緩進入肺部，放鬆，緩慢呼氣。邊呼吸，邊放鬆，身體像洩了氣的皮球更加貼近地面。重複幾次呼吸運動；然後有節奏地吸氣、呼氣，頻率為每分鐘六次，六次為一組，每天做十組。此後，每天練習的次數遞增，直到每天能做五十組練習為止。反覆練習可以養成緩慢呼吸的好習慣，這對健康大有益處。每做完一個動作就進行一次深呼吸。之後，慢慢地抬起一條腿，動作要非常慢，除髖關節以外盡量不用力；膝蓋可以彎曲，慢慢抬起腳，腳後跟在地板上緩慢拖動，直到在沒有用任何力的情況下腳掌著地。運動過程中不時地停下來，讓重量集中到腳後跟，然後再繼續抬腳，一次比一次用的力少。如此一來，運動產生的緊張就逐漸減少了。緩慢放下腿，快接近地面時放鬆，讓它自然落下。如果腿部肌肉是完全放鬆的，那麼在落回原處時會產生一個小小的反彈，反彈的大小要視身體的健康狀況而定。然後另一條腿做同樣動作。做運動時要一天比一天慢，最好是每個動作重複三次，而且一次比一次慢，感覺腿一次比一次重。做完腿部運動後，緩慢舉起一隻手臂，直到手臂與地面垂直，手自然下垂。幻想著手臂很重，是肩膀在用力。幻想著手臂與肩膀之間由一根頭髮連接著，只要稍微用力過度頭髮就會斷，手臂就會垂下來。對於不善於想像的人來說，這個辦法是行不通的；但對於想像力豐富的人來說，這個辦法或類似的辦法，對放鬆身體是相當有效的。手臂處於垂直狀態後放鬆下來，先是上臂，然後依次是肘部、前臂、手，一點一點放下來。然後另一隻手臂做同樣的動作，每個動作重複三次，盡量一次比一次做得更好。

接下來緩慢轉動頭部，一定要慢，慢到幾乎看不出頭在動。頭先向左轉，回來，再向右轉，再回來，如此重複三次。每做完一次，做兩到三次深呼吸。想要放鬆脊椎，先在地板上坐直，然後放鬆手臂和腿，頭自然低垂，身體緩慢躺下，脊椎骨要一節一節地放在地上，就像一串珠子一顆一顆放在地上一樣。身體全部躺在地上後，頭部也自然垂落在地。這個動作要反覆練習才能運用自如。最好先在床上練習，等到掌握了動作要領，再到地板上練習。在舒緩動作做完後，可以讓身體自由翻滾、側臥，有時也可以在舒緩運動前做。側臥在地板上直到感覺到全部重量都壓在地板上了，再「砰」地一聲自動翻回來；然後再翻向另一邊，記住動作一定要規律。先輕輕抬起一條腿，別太用力，把這條腿放在另一條腿上，踝關節交疊在一起；同側手臂高高舉起，然後抱於胸前。受腿和手臂的帶動，身體翻向另一側。做這個動作時必須保持身體放鬆。

平緩的深呼吸應貫徹始終，以達到完全放鬆的效果。深呼吸可以防止放鬆過度。吸氣時肌肉要承受一定的大氣壓力，放鬆的肌肉受此影響，恢復到了適當的位置——這就好比朝手套裡吹氣可以使手套鼓起來，呈現出手的形狀。

要隨時記得，我們追求的是一種平衡，而完全的放鬆就能使身體達到平衡；正是由於緊張我們才失去了平衡。比如說，運動與休息完全處於不平衡狀態，因為我們多少都有些緊張，在休息時仍然很活躍。直到學會了完全的放鬆，才會符合自然規律，從而達到真正的平衡。此外，我們在做任何事時，都會產生不必要的緊張，雖說直到學會正確使用肌肉，才能完全消除緊張，但是在做了一小時的訓練並達到完全的放鬆後，這種不必要的緊張就不能再影響正常工作了，至少當下是有用的。如此一來，每天都可以更加輕鬆地工作、談話和運動，壞習慣也隨著被改掉。從此我們的生活中出現了越來越多的平衡，我們自己也感覺生活變得越來越和諧、有規律了，可以像小孩子那樣遵循自然規律，與大自然的節奏一致。

那些想透過放鬆來消除緊張的人，我必須提出一條忠告：剛開始練習的時候，效果並不好。在極度亢奮後，常會感到神經性噁心、眩暈甚至昏厥。這就是數年習慣性的緊張之後突然放鬆的必然結果。不管有事、沒事，神經都長期處於一種亢奮狀態；在突然放鬆後開始要回歸正常，其結果必然好不到哪裡去。原本的神經越是緊張，放鬆的進程就越慢，有時一天只能練習五分鐘。

神經一直繃得緊緊的人不是只有幾個，而是大有人在。他們偏離生活正軌太遠了，竟然對放鬆感到憎恨。經常可以遇到打從心底痛恨放鬆運動的人，他們即使心理上已經接受了，但在實際練習過程中還是困難重重，直到見到效果，才有所好轉。

「這讓我比以前還要緊張十倍。」

「哦，不，它沒有用；它只會讓你感到格外緊張。」

「喲，我可不想看到自己緊張，那種感覺很討厭。」

「可是不幸的是，如果現在還看不到緊張，不放鬆、不融入到自然中，緊張就會找上門來，讓你更加深切地感受到她的存在。」

火車頭行駛所需要的燃料，只占實際消耗的百分之十九，因此發明家們費盡心血想創造出用多少燃料，就燒多少燃料的機車。而更昂貴的機器——人體——消耗的能量比實際需要的能量多出百分之八十一。這並不是上帝的錯，是我們自己的無知造成的。節省人的生命力，難道還不如節省機器動力或商業投入重要嗎？

有一個蒼白、瘦弱的人，精力透支、神經衰弱，卻對放鬆方法不屑一顧，令人感到可悲。除了其中蘊涵的自然規律可稱之為方法外，這的確算不上是「方法」。它不是發明創造出來的，而且還隨處可見；它只是一個自然方式，並且是唯一真正的生活方式。我們神經緊張過度，竟忘了睡覺這回事；然後再盼望著某人能帶來讓人入睡的「新方法」。這種做法，與稱呼它為「新方法」的行為同樣荒謬可笑。那些迫切需要用自然方法「調理」的人，對這個新的「入眠法」竟然深惡痛絕，真是讓人為之汗顏。

此外，還有很多人，尤其是女人，堅持認為亢奮狀態沒什麼不好，並拒絕改變。這和男人們酗酒成性是同樣道理，一樣都是不正常的。我們需要用自然規律去誘導他們，引導他們回歸正軌。雖說別人可以幫助我們更快地度過難關、避免犯錯，但我們完全可以靠自己的力量改正錯誤。

大家都知道即使肌肉不繃緊，神經也能很亢奮，因此在致力於保持肌肉、神經平衡的運動中，不要總是反覆強調這裡、強調那裡。別太在意，甚至連你做的是對是錯也不用管，只做該做的事，只要肌肉、神經不緊張就行。有時拚命地放鬆反倒會弊大於利。過度迫切地去放鬆肌肉尤其有害。以神經過度亢奮來換取肌肉放鬆，完全是得不償失的。因此，建議必須接受訓練的人，要在教練的指導下進行訓練；在沒有教練指導的情況下，數週內每天只要練習十分鐘就足夠了。

拉格蘭治博士在一本關於運動生理學的書中說道：「做新的或是難度較大的動作時，神經中樞要挑選出適合做該運動的肌肉，並阻止不適合的肌肉參與。」但在現實生活中，我們對新動作一無所知；受以往及個人因素影響，從寶寶學走路到生活中最複雜的行為，神經中樞一直都在進行錯誤的選擇——不僅選擇了過多的肌肉參與運動，還使肌肉用力過度。在不需要肌肉用力時，肌肉仍然緊縮。正如我們所見，手臂或腿被抬起時本來應是放鬆的，但事實上肌肉卻是繃得緊緊的，就像在做什麼費力的事。肌肉不能瞬間放鬆下來，這不禁讓人感到驚訝。在前面的章節中已經提到了處理這個問題的方法。拉格蘭治博士還指出：「除了對新動作的學習，還有對老動作的改進。」因為肌肉的錯誤使用已經持續很久了，所以在改進老動作時，無論動作簡單與否，都只是對自身的研究。人首先應學著做一個成熟的寶寶，學會寶寶的放鬆，然後學著正確使用肌肉去走路、活動，這與以前的方式大不相同。這個學習過程並不像聽起來那樣恐怖、困難。在學會了前一章提到的放鬆法後，人們會更加注意自己是否又過度緊張了；會感覺到自己似乎能像孩子那樣自由活動、對肌肉收放自如了。千萬要記得擺脫束縛才能活動自如，從而避免各種緊張、僵硬的動作帶來的一切不良影響。

人體的動作和音樂都一樣是一種藝術。一位藝術家曾貼切地指出，如果運動中的每塊肌肉都是一個音符，那麼只有運動協調的肌肉才能譜成樂章，而這個和諧的曲調一定會非常優美，因為大自然就是演奏的樂器。仔細觀察一下肌肉在運動中的不協調就能發現，我們離自然運動相去甚遠。就連公認的完美藝術——芭蕾舞，也只不過是一連串的單足旋轉、身體彎曲，以及舞者職業性的微笑和眼神的綜合體。普通芭蕾舞者都沒接受過從自然的、藝術的角度進行的充分訓練。在自然的、藝術的動作領域中，這如果算是一個典型的話，其根源就在於在日常運動中忽視了對肌肉的選擇。

人們只是從字面上了解了德爾沙特體系中的放鬆運動，並未真正理解它的精髓。人們如果真正了解了，也用於實踐了，那麼早就進一步意識到身體到底擁有什麼力量了。德爾沙特體系中好多好的、有益的東西都被誤用了，好的、壞的混雜在一起，結果讓人們對這個體系產生了懷疑。要麼是這個天才的主張和發現被濫用了，要麼就是他的學說太自相矛盾，影響了體系作用的發揮。

除了上述的運動，還有好多針對個人需要而設計的運動，都能使身體各部分或整個身體放鬆下來。

練習時只依靠說明而沒有教練的指導，是達不到理想效果的。要是理解錯了就糟糕了。站立時肌肉使人維持站姿、保持自然平衡，而不是靠人控制肌肉，但大多數人屬於後者。在保持自然平衡的練習中，肌肉帶動身體向前拉伸，直到極限；再慢慢回到原狀。兩腳保持平衡，轉動髖部，在自然晃動中找到重心。站立片刻，幻想著腳很重，這對保持自然平衡非常有幫助；但要隨時注意挺胸。除了挺胸外，站立不需要用力——感覺就像有按鈕在控制著一樣，整個過程中肌肉沒有絲毫的緊張。腰肌用力，頭輕鬆抬起，這證明了頭部放鬆運動是有效的。抬頭時牽動頭部肌肉微動，這說明頭部處於完全放鬆狀態。

頸部肌肉的緊張很難克服，因為很多人認為某種神經過度緊張的感覺源於大腦。經常可以看到有人後頸僵直。無論緊張的程度如何，都得循序漸進地進行緩解。剛開始時放鬆練習一次做幾分鐘就可以了；如果每次持續時間過長或急於求成，後果可能會很糟。

接下來該放鬆手臂了，可以坐著做這個訓練。雙臂自然下垂，慢慢舉起一隻手臂，只有肩膀用力，感受著手臂變得越來越重。最好是舉起幾英寸後再垂落回原處，然後再來一次。每次做的時候都想像著手臂是重的，只有肩膀在用力。如果手臂在不用力的情況下任由別人牽著，高舉過肩，則表明多餘的緊張已經被釋放出來了。多數情況下，手臂高舉時都會感到僵硬。手自然下垂，讓手臂高舉過頭，然後回落到膝上或身側。在做這個動作時要讓肘部放鬆，這樣一來上臂先落下來，然後依次是前臂、手——這三部分就像三個鏈在一起的沙袋彼此相連，又非常放鬆。可以把手臂舉至與肩同高，然後在前方搖動，再放下。若想證明手臂是否放鬆下來了，可以肩膀用力，抬起手臂放至膝上。此時的手臂應像沙袋一樣掛在肩上，一點也不緊張，只能靠肩膀用力來牽動它。這樣反覆做兩、三次後，手臂完全放鬆下來，而且對用力會變得非常敏感。每天練習一百次，就能使人明顯感覺到在聽、說、走路的時候，手臂正處於多麼緊張的狀態。每天都會比前一天更加明顯地感覺到緊張的存在，而且每天都能用新的力量去克服它。這時真正的訓練才正式開始。如果平時不注意放鬆、不按照自然的方式做事，即使一天練上一、兩個小時也沒什麼用。總是聽到有人這麼說：「我也不能一天到晚總是盯著自己，看是否用力過度了啊。」根本沒必要盯著自己。如果出發點是對的，只要一發現不對，馬上糾正就可以了，這與音樂家隨時修正作曲時不經意犯的小錯是一樣的。

做脊椎運動是放鬆全身最有效的辦法。它是最難描述的，也是最需要細心指導的運動。在訓練過程中，脊椎的習慣性僵硬比身體其他各部分表現得都更為明顯。每節脊椎應彼此獨立，像玩具蛇的身子一樣平滑相連。當握著玩具蛇的尾巴末梢時，蛇的全身都在扭動。多數人的脊椎都多多少少有些像鐵條。脊椎和背部肌肉如果能活動自如、完全放鬆，會令人又驚又喜。當然作為神經樞紐，脊椎的自然放鬆影響著全身各處肌肉；反過來，肌肉的放鬆也會對脊椎大有好處。

站著或走路久了，可以利用以下方法放鬆腿部：大腿帶動小腿抖動，放鬆膝關節；腿部抖動帶動腳踝，使腳放鬆。也可以站在腳踏凳上，一條腿自然下垂，以臀部為軸心劃圓。站在地板上前後踢腿，盡可能往高處踢，這樣放鬆的效果更好；不過要保證只有臀部肌肉用力。放鬆腿部的方法還有很多，可以進行不同的嘗試，找到最適合自己的方法。

可以藉由做一系列的運動來放鬆胸肌和腰肌。放鬆之後，能輕鬆抬起上半身，頭部也因腰肌用力能夠輕鬆抬起。此時腰肌也會像頸肌那樣出現不自覺的輕微晃動，這也讓人們對肌肉的放鬆有了新的認識。

抬起身體的時候，動作一定要連貫、一氣呵成。

沒有任何動作需要全身肌肉同時用力。做運動時肌肉配合得越協調，每塊肌肉的自主性就越大。在實現自然平衡後，就要開始研究如何行動自如了。左腿受力站著，左邊的臀部微凸，身體微微向右傾斜，而為了保持身體平衡，頭部則向左傾。然後輕輕地、慢慢地站直，雙腿受力，身體和頭擺正；然後右腳受力，身體左傾，頭向右傾。隨著姿勢的變換，脊椎的形狀也隨之改變。這麼做的主要目的是使各部分的肌肉能協調運動。每次練習之後都會有不一樣的輕鬆感覺。挺起胸，踮起腳，挺直身體。越是想像著重量移向雙腳，肌肉感覺就越輕鬆，但前提是一定要挺胸。也可以站著身體前後晃動；如果整個身體趨於做輕微的環形運動，則說明全身的肌肉正處於完全放鬆的狀態。

手臂和腿的自由運動當然要分開來研究。任何部分做動作都是受它上面部分的影響，這是一條規律。手指的活動受手腕的影響就是最好的例證，它也同時證明了各自獨立的肌肉之間良好的協調性。想讓前臂自由運動，上臂就得用力；想讓整隻手臂自由運動，肩膀就得用力。各種訓練使肌肉具有了協調性，因而手臂能像蛇一樣彎曲擺動；因為平衡保持得好，只用一點點的力就可以做到。手與大腦連繫緊密，常常能反映出全身的緊張，所以放鬆手和手指的時候得格外小心，有時甚至有必要先做手的訓練。

對腿部的訓練可以藉由活動關節，使動作連貫——腳踝帶動腳，大腿帶動小腿，臀部帶動腿；就像肩膀用力帶動手臂一樣，臀部用力使腿部關節活動自如。腿可以和手臂一樣自由運動且動作優美，原因很簡單——肌肉處於自然平衡狀態。

如此一來，用力點似乎慢慢轉移到了下半身的某個地方——也就是說各處多餘的緊張正在被慢慢消除掉。下面這套動作有助於建立肌體平衡，且動作優美，只要調整好心態、輕鬆對待，很容易就能學會。右臂向斜前方伸出，左腿伸向斜後方——手臂要抬高，腳只要離開地面即可；此時右臂與左腿要保持在同一條直線上。從左向右慢慢拉緊全身肌肉，再慢慢放鬆。在手臂和腿完全放鬆的狀態下，慢慢改變方向，將右臂向後至身體右側，左腿向前至左側，此時手臂和腿仍保持在同一條直線上；然後再慢慢改變方向，直到手臂伸向斜後方，腿伸向斜前方，仍要保持在同一條直線上；最後慢慢回到原位。接下來放下腿，手臂上舉，身體仍成一條直線，腳抵地；慢慢放低手臂，左腳逐漸受力，直到重心全部轉移過來；左臂和右腳再重複做以上動作。注意動作一定要慢，肌肉一定要放鬆。下面要介紹的一套動作對日常保健及全身放鬆非常有益。第一組動作叫「大節奏」，主要鍛鍊較大塊的肌肉。僅一隻腳受力做運動，增加身體平衡性的同時，增強大塊肌肉運動的協調性，這就好比透過反覆練習能讓耳朵適應音樂旋律。第二組動作叫「小節奏」，顧名思義，它主要鍛鍊所有小塊的肌肉，連手指部分也包括在內。第三組動作訓練彈跳力及快速動作，尤其著重訓練手臂和腿的關節部位。

找到身體自然放鬆的訣竅後，運動方式就可以變得多樣了。在尋找自然運動方法的過程中，追求動作的美感也逐漸成為努力的目標之一。欣賞音樂時我們要感受的是奏鳴曲、華爾滋或小夜曲的美，而不是機械的彈奏過程；同理，運動時我們要的是優美、自然，而不是身體的機械運動。我們不改變樂曲的主題，只改變其他方面，這樣一來，我們不僅可以像以前那樣用耳朵聽，還可以用眼睛欣賞。不過依照目前人類的身體狀況來看，找到最理想運動藝術化的方法或實現它，還需要漫長的等待。如果說藝術是一種抽象化的大自然，那麼在接觸到藝術之前，我們肯定已經或多或少地接觸過大自然了。

此書不能對上述的動作進行詳述。動作因自然而優美，但是練習的時候應首先想到，這只是為達到目標而採取的手段，它本身並不是目標。在反覆進行大、小節奏練習及彈跳練習的過程中，要逐漸養成自然運動的習慣，並將它融入日常生活中。

鍛鍊肌肉時，大腦如果不參與其中，那效果將會好很多。

學新動作時要把舊的動作忘掉，忘得越多，學得越快。放鬆地運動一段時間後，肌肉運動變得協調了，動作也運用自如了，大腦的負擔也減輕了。在學習新動作時，先全身放鬆，減少神經緊張；然後正確選擇肌肉參與運動，從而避免多餘肌肉參與，造成神經緊張。

進行單純的肌肉運動時感覺會非常良好。比如說，在自然行走時，走路需要的肌肉與站立需要的肌肉交替作用；胸高高挺起，身體兩側肌肉放鬆，與腿部運動協調一致，身體微微前傾，後腳掌撐地，雙臂自然擺動。放鬆身體走路是最好的休息方式。藉由各種訓練不難看出：身體動作和諧有利於身體健康。

顯而易見，這種訓練既是肌肉訓練又是意識訓練，其本質就是意志訓練。培養意志是最終的訓練目標，同時訓練行為又受意志控制。

莫斯雷指出：「不能控制肌肉的人也不能集中注意力。」學習使用力量的訓練應先從肌肉開始，然後是神經和感知力。在此過程中，要依靠意志力來逐漸排除個人干擾因素及阻礙因果規律產生作用的一切因素。

培養孩子依靠自己的力量去放鬆肌肉、敏銳地感知外界、開放思想接受新鮮事物。

適用於肌肉訓練的原則同樣也適用於感覺及意志的訓練。

忘掉舊的動作才能更好地學習新動作。要想獲得迅速、敏銳的感知力，就得拋開沒用的感覺，抹去以往的印象對它的影響。

集中意識是指摒棄一切主題以外的東西。讓一個人集中意識去解決一道難題，他會握拳、屏息、咬緊牙關，不知有多少不相關的肌肉被縮緊，也不知浪費了多少能量。這可不是「集中」。真正的「集中」指的是力量的聚集；在大腦的數學功能區開始工作時，如果不相關的肌肉也繃緊了，那就說明他的力量根本沒集中到一起。再讓另一個會集中意識的人去解決同一個問題，他會出於本能地馬上從先前的狀態中出來，一臉平靜與認真，全神貫注地開始答題。兩個人得出的結果可能是一樣的，但兩個人的身體消耗絕對是不同的。

令人費解的是有很多自我感覺良好的人堅持認為，工作時高度緊張效果會更好。他們會這樣解釋：「因為我已經習慣這樣做了。」也許他們已經習以為常了，但這絕對是不正常的。無論改掉先前的習慣有多麼難，都絕對是值得去做的。

正規的訓練可以加速循環，使全身肌肉更加活躍，從而刺激大腦，促進它更好地工作。這就是為什麼有的人邊走邊考慮問題，效果反倒更好。

這與多餘的神經緊張完全不同。神經緊張當時看似有用，但實際上反倒影響了思維。只要認清什麼是沒在用的，就能輕鬆地區分促進大腦活動的動作與多餘的緊張。用功不當就是在校學生疲勞過度、體力不支的最終原因，而女孩子表現得尤為明顯。其實學習任務並不重，只是他們不會輕鬆、自然地去學習，不懂如何集中精力以達到事半功倍的效果。學習時只要動腦就好了，可是他們卻全身都繃得緊緊的，還一直擔心，怕自己學不好。

女孩子們可以學著不去為學業擔心；事實上她們已經學過了如何去做。擔心學業導致的緊張在學生中尤為明顯。其實，多數情況下是對學業的擔心、焦慮使人疲憊、生病，並不是學業本身造成的。焦慮就是大腦緊張，它讓人模糊地感覺工作做得不完美，壓力更大了。焦慮者不但不去尋找解決問題的竅門，反倒變得更加沮喪了。這就好比一個孩子有著心結——神經焦慮，本來可以輕鬆打開的心結，在現實生活中卻被越拉越緊。也許不應該拿焦慮中的學生和孩子進行比較，因為他們不清楚該如何學習，幾乎意識不到還有改進學習方法的可能性。

改進的方法很簡單。我找到一個有焦慮傾向的女孩，讓她躺在地板上，全身放鬆；一陣子後，她至少看起來不那麼緊張了，我讓她告訴我都在學什麼科目；還沒回答問題，她就由於緊張而開始躁動起來，從頭到腳，無一例外。我馬上喊停，想辦法讓她恢復平靜，然後又問了一遍這個問題。她又開始不安地動起來，但這次她忽然喊起來：「為什麼呢？真是有趣，我渾身不動就沒辦法思考問題！」這說明她開始開竅了，她開始察覺到自己不必要的緊張了。在此之後，我不但教她如何不用動全身就能思考問題，還教她如何輕鬆、平靜地回答問題，如何不花那麼多力氣就能學好知識。整個訓練過程非常愉快。

每個孩子都應該接受這類的訓練。這是一個循序漸進的過程，用力不當的現象已經持續好久了，必須一步一步來；這正如學習操作複雜的機器一樣，是急不得的。

集中意識的訓練應先從肌肉開始。首先，全身放鬆，完全不受意志控制；然後讓意志只控制一條手臂，身體其他部分仍處於放鬆狀態。第一步，緩慢伸出這條手臂，繃緊，然後放鬆；第二步，握拳，盡最大力量彎曲手臂，直到肘部完全彎曲。此時身體其他部位仍能保持放鬆狀態的人，出現的機率恐怕還不到百分之一。剛開始在一條手臂用力收縮肌肉的同時，另一條手臂肯定會反覆舉起又放下，這就造成了不必要的緊張。還有很多其他辦法可以用來做類似的測試。

在沒有其他肌肉所謂交感性反應的參與下，能控制各自獨立肌肉的意志力應遍及全身。這才剛剛觸及「集中」的真正含義。在意志開始控制別的肌肉前，沒必要非得全身放鬆。什麼時候能做到瞬間放鬆全身、什麼時候才能說我們是身體的主人了，在瞬間「抹去原來的記憶」是最根本的條件。

接下來是放鬆狀態下進行思考與說話的訓練。第一步是對多餘的肌肉緊張進行訓練。讓孩子們在課堂上背誦，觀察他們的手勢；讓孩子們停下來，會發現小傢伙們都用力地握著手，不適應、緊張；幫助孩子們放鬆，告訴他們背誦時手沒必要用力，教他們學會在放鬆的狀態中背誦。孩子們會發現這麼做的效果出乎意料地好。有時需要讓孩子躺在地板上學習如何冷靜、直接地思考，訓練程式和訓練回答問題的程式相同。如果訓練時格外地細心、周到，訓練效果會更理想。不過這種訓練方式不適合較大的班級。訓練過程中會有放鬆練習，有時站著做，有時坐著做，這有助於孩子們放鬆身體，克服肌肉緊張，否則思考和表達會受很大的影響。可以做看圖說話練習，比如以莎士比亞劇中的某個場面為例，讓孩子們用自己的話來說，說話時注意動作要自然。訓練可以使孩子更加注意肌肉是否緊張，而緊張的肌肉會直接影響到思考。孩子一定要學會如何安靜地思考，冷靜、直接地表達想法。這個訓練還能培養孩子的想像力。

因為已經掌握了感知和表述的方法，能力本身自然會得到更快、更自由的發展。在各階段——從對所見、所想或所憶的緩慢描述到快速、準確地給出心算答案等等——都要進行冷靜地思考和表達的訓練，這也就意味著注意力的提升。這個注意力是真正意義上的注意力，不是多數人習以為常的高度緊張注意力；而後者往往會帶來不良的後果。這個自然的注意力可用於各方面的感覺上——視覺、聽覺、味覺、嗅覺及觸覺。它與維持人體能量的自然規則完全一致。

掌握了自由學習的能力，就能擁有另外一種能力：學會了一課，就把它「放下」，需要的時候還能馬上「撿起來」。生活中常出現工作和玩樂分不清的現象，而且很嚴重，只有學會「抹去原來的記憶」才能真正克服它。注意力集中讓我們專注於一件事，打網球也好，研究三角學也好，在該收手時馬上收手，再輕鬆地把注意力轉移到另一件事情上，這對我們的身心健康大有益處；問題是我們總有恐懼感，缺乏信任。一個孩子在學完一課後，會一直想著它，惟恐自己遺忘。他如果接受勸告把它放在一邊，一旦重拾起來，會驚喜地發現知識記得更牢了。人一定要相信自己能像消化掉一頓豐盛的晚餐一樣，消化掉學過的知識。焦躁不安一直困擾著人們。如果你能對肌肉控制自如，那麼你在做其他事時也能做到收放自如；放下不用的話題，需要用時發現它似乎已經融入體內，而且掌握得比以前還要好。

意識訓練一定要遵循規律。一次別持續太長的時間，否則想要做出自然的反應就不可能了。安排好順序，使各不相同的練習內容可以不間斷地進行下去。

要在課堂上反覆強調這一原則，為此特別設計一套上課訓練方案，預計能達到最佳的效果。

首先要保持平靜。透過保持意識和身體的不思、不動，培養「抹去原來的記憶」能力。在剛上課時要保持安靜、呼吸有節奏、閉上雙眼。眨眼時一定要輕、要慢；呼吸保持在一分鐘五十次左右，比正常呼吸速度要稍微慢一些。呼吸時一定要數數，這樣可以防止心猿意馬；注意臉部表情要保持自然、平靜。開始上課要先放鬆；然後是呼吸練習，放鬆；肌肉練習後再放鬆。除了一隻手臂用力外，身體其他部分全部放鬆，透過這樣的練習使意志力能自由、準確地控制肌肉。肌肉訓練結束後，要冥想一分鐘，一分鐘內只想著一件事。剛開始可能不太容易做到；但隨著注意力逐漸集中，冥想變得越來越容易，不是人去想這件事，而是讓它完全占據人的頭腦。閉眼冥想，讓想法一個接一個地在腦海中閃過，輕鬆、愉快，如同走在陌生的路上，欣賞著道路兩邊新奇的景觀。接下來想出一連串的名稱：花名、樹名、國家名、作家名、畫家名……隨便什麼都行；看誰能在一分鐘內想到的最多。開始時有點困難，練習幾次就會好很多了。下一個訓練是視覺練習，要求又快又準；然後是聽覺練習，最後是記憶練習。這個環節主要訓練集中注意力。記憶練習的時候要格外小心，否則不當的機械訓練危害無窮。身心的平靜與自由有利於各方面功能的提升。做到了這點後，教練要更努力地讓學生們領會將要學到的東西精髓。首先選出一些值得記住的東西；然後把想法和單字連繫起來，記住：每個詞都是一個象徵，每聽到一個詞，都會讓人聯想到記在腦中的想法。學會了這個就可以做到一目十行，但可能做不到逐字逐句地背誦。訓練記憶力時先訓練集中精神，然後是想像力和聯想力。如此一來記憶力可以獲得很大的提升。聽到單字後機械、重複的做法不值得提倡；應該在聽的同時，在腦海中浮現相關畫面，然後用自己的話進行描述。如果某些名詞、佳句值得記住，那就藉由理解含義將它背下來。這個辦法還可用來記憶其他有趣或有用的東西。

不要刻意迴避單純的機械記憶。只有意識中接受了自然法則，才能成功地進行訓練，培養健康、自然的身心。自覺遵守自然規律非常必要。

第八章

藝術帶你進入自然的寧靜

儘管各種藝術表現形式耗費了大量的時間和精力，但令人奇怪的是很少有人會注意到最初工具——人體的作用。

一位老畫家對非常欣賞他的朋友說：「你要是能看到我腦海中的畫就好了，可是……」他指了指自己的頭，又指了指自己的手，接著說，「從這裡到這裡的途徑太長了！」老畫家的悲嘆強烈地反映出這個時代的人在藝術面前力不從心。這個途徑要是變得暢通無阻，距離就能縮短。如果途徑暢通，手指就能在大腦的指揮下準確無誤地把想法表現出來。然而實際上途徑並不暢通，畫家的想法無法被淋漓盡致地表現出來，格外耗費了很多精力。想要達到最佳藝術表現效果，完全有必要讓身體始終為意識服務。越是這麼想，心裡越會感到驚訝，因為人們並未把身體達到小孩自由程度的訓練當作一回事，且不認為它和攝取營養同等必要。

從某些方面說贗品就是一種緊張。因為藝術代表的是自由、平衡、節奏等一切意味著健康生活和真、善、美的事物。

藝術凌駕於我們之上。如果我們是自由而平靜的，那麼無論是詩歌也好，音樂、繪畫也好都能打動我們的心弦，而我們自己也會為之感到驚訝不已。此後我們不會妄自得意，也不會因用力過度而筋疲力盡；恰恰相反，我們會感到一陣強風吹過，而後我們煥然一新。

天才都遵循真正的原則，因為他們都是在不知不覺中依照自己的藝術法則做事，並受其左右。我們這些凡夫俗子必須學習天才的法則，因為天才的法則也是大自然的法則。透過認真學習、努力實踐，克服一切不利因素，讓自己融入大自然。

別人剛剛演奏完，餘音未了，此時誰願意接著用這個樂器演奏呢？那將是什麼樣的噪音啊！我們的肌肉和神經亦是如此。它們在緊張、雜亂的狀態下，根本無法達到藝術上的最高要求。因此首要之事就是讓它們完全放鬆，不僅要反覆練習，還要訓練它們達到瞬間放鬆的程度，可以隨時隨地準確無誤地反映出心意。

樂器越好，彈奏時用的力應該越小。實際上，必須輕輕彈奏，否則美感就被破壞了。彈鋼琴或拉小提琴時，無論是低沉委婉還是激昂高亢，演奏的力量都應大小適度；輕鬆地演奏出激昂高亢的樂曲才能讓人驚嘆不已。只有輕柔的雙手才能彈奏出完美無暇的壯麗樂章。

輕輕地在人體這個樂器上演奏，奏出的樂曲比任何樂器演奏出的都美妙；身體越用力奏出的效果就越差。肌肉配合協調，使伸縮用力均衡。當找到並保持住了平衡，這時的我們似乎只是在「想」一個動作、一個聲調或是一句話，而不是在真做，因為動作太輕柔，輕柔到讓人感覺不到在用力。這種情況雖然少見，但的確存在。

在人體這個樂器上輕柔地演奏的可能性微乎其微。藝術活動中最好的法則之一就是「每天較少地用力，每天獲得更多的力量」。因為表演藝術是唯一需要全身參與的藝術，所以我們就從緩解緊張的角度出發，來研究一下表演藝術。演員在演繹了一個極度興奮的角色之後疲憊萬分，這說明他用力過度了。如果我接觸到某種情緒並為之打動，在表演時卻不能把它百分之百地傳達給觀眾，那麼我不但變得缺乏藝術的詮釋力，還因為這次失敗的表演而浪費了太多的能量。這是一個規律，毫無例外。不過儘管規律是正確的，結果也的確如此，但很多人都不相信，甚至連想都懶得去想。演茱麗葉的時候我用內心去感受她，理解她，讓她輕輕觸動我的心弦，使她透過我展現在觀眾面前。當我再現茱麗葉時，我與她融為一體，結果濫用了神經力量，下臺後筋疲力盡，而觀眾卻不買單。目前戲劇發展處於低谷，在很大程度上是因為演員不能正確理解及使用神經力量。很多年輕、有抱負的人為了進入狀態而調動情緒，讓自己變得溫柔或歇斯底里；這種做法不符合藝術的原則，非常有害。它會使演員們最終完全喪失控制情緒的能力。毫無疑問，他們的錯誤做法傷害了自己，也使戲劇的前景一片黑暗。最初調動情緒的力量最終使演員不得不借助人為的刺激去表演。結果演出結束後，演員的情緒仍處於失控狀態。這說明他們錯誤地使用了神經力量，並用力過度了。這種情況在演說及表演學校最為明顯。

克服人為刺激的方法簡單、有趣，而且見效快，值得花時間和篇幅做個簡單介紹。當然，要先完全放鬆、平靜下來；接著要能做到行動自如。有一個非常簡單的做法：要絕對放鬆，聲情並茂地背誦一首充滿感情的詩或一段戲劇的節選，把當中的情感全部表達出來。一旦又出現緊張，馬上就能感覺出來，要立刻停下並克服。一天練習一個小時僅僅是個開端，以後經過反覆練習，對神經緊張的感知會越來越敏銳。這個練習方法的效果絕對值得期待。

訓練開始，先用鼻子吸氣，用嘴呼氣，反覆做幾次；然後帶著各種能想到的情緒邊呼吸邊喊叫。喊叫時要絕對放鬆，要像呼吸那樣輕鬆、自由。接下來，照常吸氣，在呼氣時說些能表達情感的句子——先說些簡單的句子，然後隨著不斷的進步，加大句子難度，直到能很輕鬆地就背出茱麗葉服毒時的臺詞，或是馬克白夫人慷慨陳詞的程度。這會讓人大吃一驚。這只是語言訓練，動作訓練可以參照前一章提到的方法。

一旦達到訓練的目標，演員們就會發現扮演完充滿激情的角色後，不再感到疲憊不堪。其實，不僅是消除了身體疲勞，連表達能力、激情表演的能力及感染觀眾的能力都一併得到了大量的提升。

這個方法可以讓年輕人表達出自己的真實感受。放鬆使表達管道暢通無阻，詩歌或戲劇所表達的情感不再被壓抑。這種自由的感覺就像犯人被釋放出來一樣。由自我意識和神經緊張導致的錯誤，可以藉由放鬆完全糾正，根本不必放在心上。

戲劇的本質是對各時期人性的敏銳感知，是對人性快速、強烈的共鳴，是表現人性的一種能力。想要有進一步的發展，必須要進行深入、仔細的研究。神經必須保持自由、放鬆，用來表達真實的感受；不能允許它大喜大悲，應該讓它隨時保持清醒，能清楚地傳達出內心所感、對人物的理解或對詩歌的詮釋。

這聽起來有些冷酷無情。其實不然，這只不過是緩解表演中過度緊張的一種方式。它可以消除阻礙，使真正的情感共鳴更強烈、感知更敏銳。演員如果擺脫不了情感對神經的控制，就不能真正領略戲劇的偉大與魅力。

有三個不同的戲劇派別——一個叫歇斯底里派，另一個叫做作派。前者指的是情感極度亢奮，神經極度疲憊；後者指的是人為刺激產生情感。誠實派是第三個派別，似乎只有它是真正的藝術。在訓練中可能會安排演員指導，幫助他們達到個人最高的藝術成就，也的確應該這麼安排。要是真的這麼做，那該有多好啊！

身體放鬆，能對意識指令做出敏銳的反應，這是達到訓練目的的必備條件。必須培養快速而敏銳的感知力，能夠感知高尚的思想、理解其中的含義、了解內在關係。之所以這麼做，是因為在表演中每個想法、每個字都得表達清楚，它們在戲劇表達思想的過程中必不可少。

一個演員想要表現得出色，就必須擁有廣泛的同情心，還要能理解人性的各個層面。如果沒有博愛之心就很難做到，因為「要公正地評論，就要同情你所評論的人；要同情他們，就要愛他們；要愛他們就要忘掉自我」。所有這些必備條件——身體狀況、理解力、博愛之心——似乎都發出一個呼聲：輕視肉體，重視靈魂。

這得藉由訓練來實現，我一向主張透過訓練來融入自然。正如前面所說，如果藝術是抽象化的大自然，那麼在研究藝術前要先認識自然。現在問題在於表演方面，藝術與虛假藝術之間的界限模糊不清；不過一旦認清了，就會發現兩者之間有著天壤之別。

藝術的根本是表裡如一、樸實無華。虛假藝術通常至少要模仿其中一個，但多數情況下做不到。訓練的外在影響就是在表演中節省了大量神經力量，但要讓它發揮最大功效，唯一的途徑就是真心實意地追求真實的藝術表現。

關於表演就談這麼多。這是一項了不起的研究，比其他藝術形式更追求健康的效果，因為它涉及人的全身。可悲的是現狀是如此地病態、不健康。上面討論的不但適用於戲劇表演，同樣也適用於演唱，尤其是舞臺演唱，還適用於歌劇，不過在唱歌時更應多加小心。歌唱者根本意識不到唱高音時，保持放鬆的狀態有多麼重要。身體有了一定的放鬆後，再唱高音就能意識到多餘的緊張了；然後試著從容地唱出高音；接著自然與非自然歌唱方法的區別就顯而易見了——不僅唱高音是這樣，唱任何音也都一樣。這裡以高音為例，是因為高音典型。大多數高音歌唱家都擔心音太高唱不上去。她們的恐懼本身就是一種緊張。為此歌唱者必須學會如何輕鬆地唱出高音。身體獲得了自由才能擺脫束縛、自由歌唱。身體是一個統一的整體，身體自由了，歌才能唱得好聽。在自由的前提下，曲調的優美和歌詞的深層含義被完美地演繹出來。不過，現狀恰好與之相反。

如果自由對於提升唱功如此重要，也確實重要，那它在歌劇中更是必不可少了。有了自由，演員的表演就不會那麼木訥；有了自由，音樂能使表演發揮得淋漓盡致。在樂曲和演奏都無可挑剔的前提下，演員在表達情感時似乎已與音樂融為一體了，即使是在演奏間奏曲，演員也能讓觀眾得到視覺上的享受，更別說聽覺上的享受了。

我也明白這是一個理想的標準，很難達到，但並非絕無可能。目前的演出狀況大多是演員的表演慘不忍睹，觀眾在欣賞歌劇時竟然只想聽，不想看。如果朝著這個理想的標準努力，至少能使目前的狀況有所改觀。

我們已經研究過身體被當作樂器時的藝術表現是什麼樣的了。即使身體是去彈奏某種樂器，這樣的訓練也同等重要。

一位鋼琴家為了練習，每天要彈上幾個小時，每彈一下都能感受到音樂的靈魂。但他從未意識到儘管浪費了這麼多體力和精力，從腦到手指的途徑仍然沒有暢通；若想真正地用腦去彈琴，暢通的途徑必不可少。

彈鋼琴時身體隨著音樂的節奏輕輕晃動，與緊張、僵硬的動作形成鮮明的對比。從腦到手指的途徑是否暢通，從彈奏的動作就能看出來。而手臂和手經過訓練，其表現與以前相比會大有變化。

拉小提琴時同樣要保持肌體平衡；事實上，演奏其他樂器亦是如此，因為身體的自由、放鬆一直是演奏的必備條件。

畫畫時身體越放鬆，意識就越能更好地指揮身體。有多少次腦海中已清晰地浮現出直線、曲線或是兩者的結合，而手卻畫不出來?這並不是說只要身體放鬆意識就能完全控制身體，而是說放鬆的身體像個稱職的僕人，可以在更短的時間內更直接地為意識服務，更好地表達出心中所想。

無論是何種形式的藝術，樸實無華的特色在最高層次的藝術中都得到了最充分的展示。

把各種藝術形式一一羅列出來毫無意義。放鬆的身體可以對收到的指令立即回應、迅速執行，把意圖準確無誤地傳達出去。保持身體放鬆的必要性無須贅述。

古人云：「學者貴於行之，而不貴於知之。」

本書提倡的是自然規律，它能使我們身強力壯。它能使我們受益多少，直接取決於我們遵循它的程度如何。

難道遵循自然規律的人就從來都不生病、不緊張也不會衰弱嗎？他們有時也會生病、也會衰弱、也會疲勞過度；不過如果不遵循自然規律，後果會更嚴重。另外，他們會生病有部分原因是有時沒遵循自然規律。自然規律確保人們不會受緊張的困擾、不會身形憔悴，與人們遵循規律的程度成正比。至於其他因素導致的疾病——外傷、遺傳性疾病等等——對人造成的困擾也與遵循規律的程度成直接正比，在自然規律的作用下，疾病會像落下的枯葉一樣自動離開。

可不可以問問世界上最睿智的牧師：您所信任的真理從來就沒有出錯過嗎？您一直都在它的庇護下嗎？在這個世界上無論這個人有多麼偉大，多麼出色，也不能做到完美無缺。

在精神領域中，宗教真理在這些法則的基礎上得以建立。身體要保持平靜和平衡的訓練也是類似的真理。宗教可以接納所有的靈魂，而該真理可以適應身體的各種需要。一個人的想法與舉止可以變得越來越高尚，但在某種情況下卻沒能承受住考驗。同理，一個人身體放鬆、平衡良好，擁有毋庸置疑的力量，也有可能承受不住這類的考驗。

這些類似的真理應該為人所知，最終可以在生活中統一起來。這點很重要，因此不禁要再問一次：相對於馬上完全控制靈魂，這個更有可能嗎？

人體自我調節的能力簡直不可思議，那麼人能瞬間獲得全面的掌控力，並且維持終身擁有嗎？

即使人們已經部分地遵循了自然規律，也還是有可能會病倒。在等待解決問題的過程中需要有耐心，但態度因人而異。

有的人對付疾病的辦法可能連自己都沒意識到。他使用的「止痛藥」不是真正的藥物，不需要準備，它就存在於體內，且使用起來很舒服；他採取的是「輕鬆面對」的態度，從而緩解了疼痛。

心裡總是想著曾經的痛苦，終日自怨自艾，痛苦反倒被加深了。身心放鬆的人在接受疼痛的考驗時，絕不沉溺於痛苦的過去，對康復充滿了信心。只有融入大自然的人才能做到這點。

這並不意味著他們不需要外來的幫助或是提早預防，絕對不是。內心的寧靜讓他們能規律作息、虛心接受他人的建議，嚴格遵循自然規律，重新擁有健康的生活。

他們並非刻意如此。他們從不為了預防而預防；他們在乎的是內心，他們深知外界對於內心混亂是無能為力的。

康復的人因為能重新過上正常的生活，而感到極度興奮，不過很快就恢復了平靜。他們吸取了教訓並因此獲益非淺，更上一層樓。他們減小了工作壓力，隨著自由的深入，不斷獲益，同時也降低了將來出現問題的可能性。

下面來分析一下「筋疲力盡」的原因，有時在向自然規律靠攏的過程中，也會出現這種現象。

首先是相信自己有能力獲得自由和平靜。「既然知道如何放鬆，我就應該能做到。」深思過後才發現此言差矣，應該這麼說：「因為知道該如何放鬆，才更不能這麼做。」

有個體操運動員過度使用肌肉，竟然無知地認為自己受過專業訓練，一定不會有問題。自負是最愚蠢的行為，能讓人犯下各種錯誤；如果不改正，就會讓人愈陷愈深。

訓練過後有時會出現放鬆過度的現象。千萬別忘了訓練的目的是要達到一種平衡。如果想避免不良後果，需要保持運動與放鬆的平衡。放鬆只是為了做更多的運動，達到更好的效果，不要為放鬆而放鬆。

既然連體操運動員都會誤解肌肉訓練的目的，誤將它當成最終目標，那麼神經力量的訓練中也會出現類似的錯誤，主要表現為循環減慢、厭惡運動、平靜之心與滿足感迅速消失；這使人們在考驗中不堪一擊。

除非人們在每次訓練後都能重新提起興趣，朝氣蓬勃，否則事情將變得面目全非。為避免以上錯誤，就要做到每日自省，以更上一層樓。

如果極度需要放鬆，就要多做戶外運動。如果做不了運動，那就透過緩慢、平穩的呼吸促進血液循環，以實現肌體的平衡。這樣做能在某種程度上達到與運動同樣的效果。

剛擺脫不自然的緊張狀態時，會先有一陣不適的階段，但千萬別誤以為這種不適是放鬆造成的；正如酒鬼和吸毒者在剛戒除酒癮、毒癮時的不適，同樣並不是由戒除惡習本身所造成的，儘管表面上看似如此。

在沒有教練的情況下進行訓練還會遇到另外一個問題，那就是只走過場、做做樣子，並未真正做到位。考察是否做到位的辦法在前文中已經提到過了。不要將訓練方式從生活方式中切割開來，而是要在訓練時完全擺脫生活方式的影響，在不練習時盡量使兩者和諧，即生活中隨時保持來之不易的訓練成果。這樣一來，人會感到開心、生氣，但絕不會感到疲勞。

在訓練過程中面對考驗，不必猶猶豫豫，也不必驚慌失措，只需究其原因、予以克服即可。冷靜面對是明智之舉。如果嘗到了保持平衡的甜頭，就不會再輕易犯錯或做過頭了。

每當發現自己為考驗所累，就要藉由各種辦法來擺脫困擾：注意自己的體重、注意自己最慢的呼吸能有多慢等等，這些方法都可以。讓自己真正地自由、放鬆，挫敗感就會逐漸減少，直到對自己構不成威脅。如果挫敗感持續的時間比自己預料的還要長，那就繼續努力下去；堅信人越堅持，能力就會越提升。

保持真正的自由、從大自然中獲益的唯一途徑就是盡可能不去想所罹患的疾病。消化不良的人滿腦子想的都是他的胃——他那可怕的胃，無論他的大腦、心臟、肺及其他器官的功能有多麼正常，他卻從不去想。慢慢地，他淪為了「胃的奴隸」。

失眠的人視睡眠高於一切。他關心的不是睡眠本身，而是何時會打瞌睡、打瞌睡的時間是長是短，然後再為每晚無法入睡而發愁。

再也沒有比這種過度關心更能讓身心緊張的了，血液循環無法暢通，神經傳導也不會正常。

認真訓練吧，無論期望有多高，只要有一點點進步也要好好地把握。

真正的自然生活是平靜、不費力的，沒有緊張、沒有誤導。讓我們不斷努力，自然生活在上帝的傑作——人性中表現得更為明顯、清楚、明瞭。

第九章

關愛自己，關心他人

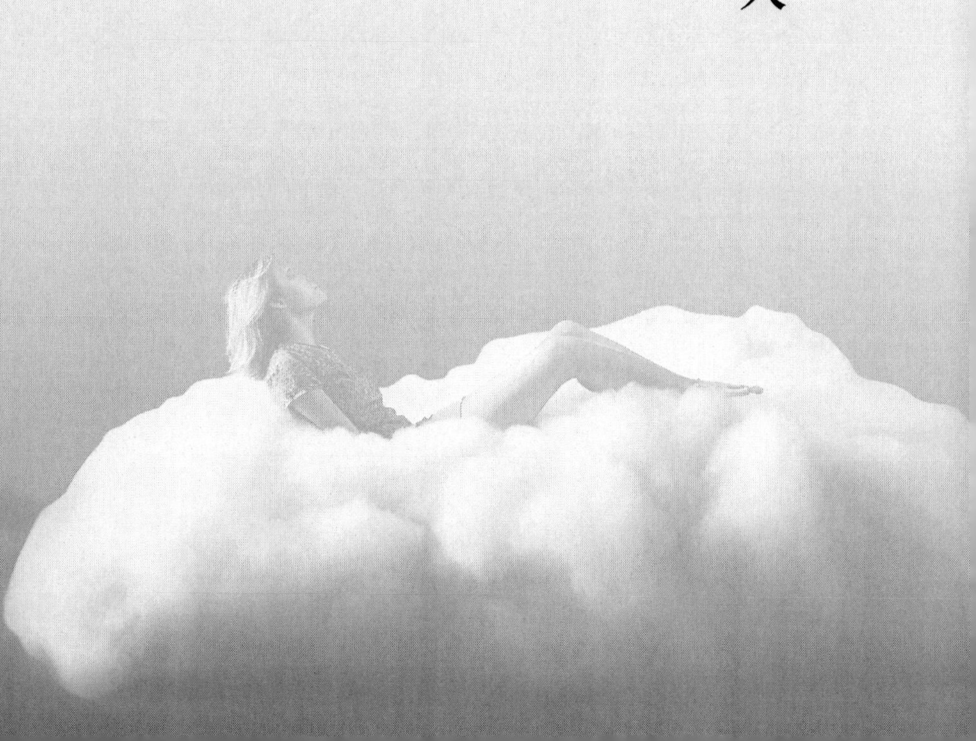

一位身心疲憊的婦女重新變得神清氣爽。面對朋友的驚詫不已，她微笑著說：「哦！在那段日子裡我對自己相當用心：每天早早上床，累了就休息。只吃營養豐富的食物、常做運動、盡可能多呼吸新鮮空氣。你看這真的很有效。我如果還是疲憊不堪，是不會像現在這麼有精神的。」她採取的鍛鍊方法不但沒有累到她，反倒使她煥然一新。

如果那位婦女也像別人那樣，總是認為沒時間去考慮自己，或是對自己好是自私的表現，那她就什麼都做不成了。鍛鍊會使她疲憊不堪，她會對同情她的人大吐苦水：「鍛鍊之後根本不可能不覺得累。」而同情她的人則會完全贊同她的觀點，並認為她很了不起。

一位知名作家在剛開始從事文學創作時，曾為了養家糊口不得不找了份差事賺錢。他的上班時間是早上九點到晚上五點。每天六點下班回家吃飯，七點上床睡覺；凌晨三點起床，先為自己沖杯咖啡，然後一直寫到八點吃早餐；藉由步行上下班鍛鍊身體。他的常規沒有被打亂，身體依然健康。等到他有能力靠寫作賺錢養家了，他就重新恢復了正常的作息時間。

一旦大腦被啟動，人往往會有超乎常人的發揮。如果那位作家在疲憊地回到家後還要堅持寫作到深夜，小睡片刻後再出去繼續賺錢謀生，長此以往，結局就是他的聰明才智大打折扣，最後出版商和自己不得不承認他已江郎才盡。

「我不能總想著自己」、「我不可能只想著自己」……各種說法不同但表達的意思基本上一樣，說此話的人也屬於同一類的人——一直只想著自己的人。他們根本看不出來，正常地關心自己與自私地只想著自己是截然不同的；前者只是為了達到某種目的的手段，後者則是最終的目標。

正常的關心使人朝氣蓬勃、充滿活力；病態的關心則意味著身心的日漸衰退。

對待自己的身體應該像小提琴手對他的琴那樣呵護備至。美妙的音樂從心愛的琴中流淌而出；而又因為這音樂的美妙讓他對琴加倍用心。想要擁有健康的體魄就要經常呼吸新鮮的空氣、勞逸結合、保證充足的營養、避免長時間暴露於戶外。如果因為某些原因身體不適，不必焦慮不安，立即採取措施盡快恢復健康。

如果注意身體健康就像每天都要洗手一樣，成為生活中的一個習慣，那麼即使在調整過程中可能會特別注意自己的身體，也只是暫時的。最終這種正常、健康的關心，會成為下意識、自然而然的行為。卡萊爾曾指出：「只有等身體出了毛病，我們才會關心自己的身體。隨時注意保持身體健康、正常，能讓我們獲得肌體上的自由，那是一種我們還在孩提時就已感覺不到了的自由。」他的觀點千真萬確。同理，在精神方面也要保持一個健康的狀態。要勤動腦，保持思維活躍；要能做到輕鬆轉移注意力。注意不要在長時間腦力勞動後立即入睡，可以透過鍛鍊或娛樂來轉換注意力、舒緩一下腦筋，然後再睡覺。

千萬別再讓大腦比身體還要勞累了。大腦應無時無刻保持冷靜，遇到任何事情或突發事件都能隨時做出應急反應。

對心理的關心與對身體的關心同樣重要。它可使人不再易怒，保持心情愉悅、善待他人。

眾所周知，身體各部分的健康狀況是息息相關的。有一部霍威爾斯的小說，講述的就是一個人在深夜吃了一塊冰涼的碎餡餅後，精神、肉體、心理都發生了變質。這個人的經歷是一個自然的發展過程：無意中違反了某些生理規律，引起了長期消化不良，最終導致了脾氣暴躁、冷酷無情。

胃功能失調需要大腦分配額外的精力到胃部，從而影響了大腦的正常工作；在正常情況下，這部分精力本來應該用於大腦思考的。同樣地，精神緊張或過度在意某事也會影響血液循環、消耗額外的精力，若非如此，多消耗的精力可以被用去做別的事情。如此一來，身體的平衡就被破壞了。

心理的變質能引起肉體及精神的變質，這點已眾所周知，便不再贅述。無論宏觀還是微觀這點都很明顯。可以說，小惡行可以釀成大惡果，因為它們令人難以捉摸，難以識別，也難以根除。

正常的關心逐漸與各種規律相吻合，一旦與規律完全合拍，就會達到忘我的程度，在此之前是做不到這點的。除非在考慮自身健康外還有其他目標可尋，否則很難找到規律並與之合拍。單純地去追尋某個不涉及個人的目標，有時會使人脫離規律。關心是徒勞的——實際上是有害的——除非我們追尋的目標不僅對自身有利，還能引起我們對成果的興趣，並促使我們繼續努力爭取更大的效用及成果。肉體、精神和心理三者互相獨立，無論是關心其中之一還是三個都關心，都是毫無益處的，除非對三者的關心能結合起來，共同致力於為他人謀福利。

甚至連個人喜好，如果沒有任何應用價值也是徒勞無益的。有著某種嗜好的人先是出於個人興趣而只關心自己喜歡的；後來變得除了自己的喜好外，對一切都視而不見。他可能會因此產生某種心理障礙，而這種心理障礙的影響是巨大的，可以讓人判若兩人。

一個人的付出與索取是有內在連繫的，正如一個國家的進、出口貿易應保持平衡的關係，這是一個規律。只要稍微深入研究，就會發現這個規律在個體上表現得更為明顯。一個鞋匠只做鞋不賣鞋，就不可能維持基本的溫飽。同理，一個人沒有付出就無法存活於社會中。

的確有許多表面上既健康又快樂的人，他們只為自己而活，不僅從不想著付出，而且堅決不去付出。但是他們的舒適與健康只是暫時的；一旦情況突變，幸福就會化為烏有。

經歷了身心病痛的折磨或環境壓力的考驗後，快樂男女們開始學會去感受做有意義事情的快感，並正確認識合理關心自己的效用與必要性。

努力說服一個人，告訴他無論如何都應把手洗乾淨。他會這樣回答：「洗手倒是可以，可是我從來就沒有想過手的問題；把手弄乾淨會讓我整天想著手的事情。」努力使一個適度利他的利己主義者，或是適度利己的利他主義者相信：正確的自我注意，會使他人受益更多、難度更大。手髒的那個人說得沒錯，保持手部清潔會讓他總是注意著自己的手；但是他沒想到的是在養成衛生習慣後，只有手髒時才會注意到手；等用香皂和水把手洗乾淨了，就不會再注意它們了。適度利己的利他主義者是對的：出於利己的目的而關心自我是非常有害的；如果弄不清楚什麼是正常的自我注意，還不如別注意。

在了解了正常關心的必要性後，人們開始逐漸了解自私關心的危害性，並更加清楚無私的標準是什麼。自私的關心使生活喪失樂趣、使人喪失同情心，並討厭他人的幫助；而正常的關心使生活變得煥然一新、使人富有同情心、提供對人有益的幫助，並產生更大更長遠的影響。

對於健康法則我們不必深入研究，只要照做就可以了。我們會認識更多的法則、規律，且了解得更加透澈；會輕易就能分辨出正確與錯誤的關心；並能隨時感覺到能力因正確的關心而增強，也因錯誤的關心而減弱。

大家都公認一點：為了更好地工作，人與人的關係應該是友好而純粹的。實際上，有些人需要特意維護好人際關係。在保持身體健康和神經正常方面有規律可尋，對人真誠、友善方面也有規律可尋。但是在與人交往的過程中，無論老少，都應以誠相待、自然相處，否則即使遵循了各種規律也是徒勞無益。生活和藝術一樣，都需要有愛在其中，沒有了愛也就沒有了活力。如果沒有愛，無論做什麼都是虛有其表、缺乏內涵的。孤寂不是真正的寧靜；沒有融洽的關係就不可能有生命，更不可能有生活的寧靜。

交際法則要求我們愛人如愛己。越是意識到這一規律、按照規律去做，就越容易養成心平氣和、友善待人的好習慣，而且遲早會得到回報。曾有一種說法：朋友間必須要有小打小鬧作為調劑。其實，友好的人際關係能使人們求同存異。意識到這點的人會馬上發現，上面那種說法完全是無稽之談。

讓每個人都能「做自己」，按照自己的方式救贖自己——這似乎是「愛人如愛己」的第一條準則。只有排除一切自私的想法，才能在他人有求於我們的時候，不管他們有多麼不對、多麼無知，都會伸出援手。在助人與被助之中，能真切地感受到人與人之間的相互關係。

我們滿懷希望地等待著農作物的生長，從不抱怨，也從不做揠苗助長的事。如果對人性規律稍加留意，就不會阻礙孩子、鄰居及朋友的發展了——不會禁止他們去努力，不會強迫他們去按照我們的意思做事，因為適合我們的不一定也適合別人。

有一種人自私地打著「為了別人好」的旗號去「幫人」；還有一種人出於私心完全「不打擾別人」。很難說誰比誰更差，兩者半斤八兩：前者是虛情假意；後者是冷漠自私。不干擾別人但隨時做好幫人的準備，這樣可以在人與人的交往中為自己找到心的寧靜與力量。

一切偉大的規律都是在最簡單的形式中表現得最為明顯。真正自由、健康的人際關係在母子關係中得到了最好的展現。健康、理性的母愛為寶寶提供了充分、自由、愉快的成長氛圍。

海蒂是個不到一歲的寶寶，多數時間都是自己待著，慢慢學會了自娛自樂。她發出迷人的嘟囔聲向你問好；當你停下腳步看她，她會仰起頭朝你笑，彷彿在說：「你好啊！我非常愉快！」你朝她笑了五分鐘，她也朝你笑了五分鐘，這足以讓你感到「也很愉快」。如果抱她一小會兒，寶寶會安靜地任由你抱著，看看你，再看看樹或是房間裡的其他東西；然後再看看自己的小手。你說：「啊」或「哦」，她也這麼叫，你們就開始對話了，時不時地笑幾聲；然後你親親寶寶，放下她，她就向你道別：「謝謝你，歡迎再來。」話雖然未說出口，但你仍能清楚地感受到。離開後，你會有種剛剛拜訪了一位摯友的感覺。

海蒂的成長沒受到任何「騷擾」，她得到了最好的關愛。當她哭時幫她找到哭的原因；一旦問題得到解決，她馬上就不哭了。她是個可愛的小傢伙，在付出與索取中茁壯成長。

還有一個與海蒂同齡的寶寶叫佩姬。她被寵得太過分。每天家人都能親她數十遍，以為這是愛的表現；她被「扶著」又蹦又跳；周圍的人自認是她的朋友，覺得一旦離開她就會心碎；他們對她講話，卻不是「和她聊天」；他們教她「耍小聰明」，再哈哈大笑；他們一遍一遍教她說話，而她的語言中樞根本還沒發育到那個程度；只要她一醒來，立即就被「愛的噪音」包圍起來。佩姬本來也能像海蒂一樣成為你的「摯友」，但情況卻不允許。她的家人愛心氾濫，只考慮自己的感受，從未給她機會讓她「做自己」。可憐的小傢伙徹夜啼哭不止且小病不斷。大家請醫生來為她看病，很納悶她怎麼可能有病。大家都很著急，但這種嬌慣與惱人的愛仍在繼續。兩個寶寶可能是遺傳基因不同，性情也不一樣，所以才有這麼大的差距。實質上最根本的原因在於她們的父母：一方是明智的，另一方是愚蠢的。

媽媽給予海蒂的友誼，使她過得快樂而平靜、反應迅速；而海蒂則像個大孩子似的，對這種友誼予以回應。這份友誼對於大一點的孩子也同樣適用。隨著孩子逐漸長大，母子雙方均從中獲益匪淺。孩子一旦可以自由發展個性，就會將個性的最好一面展現出來。如果做得不對，他會理智地接受建議並改正。他把這當作珍視友誼的表現，而且對此深信不疑，因為他知道身為朋友的我們也是這麼做的。當然他本人意識不到這點，只是在潛意識中認為「大朋友」做的一定是對的。

有一個貧窮的女人與丈夫和兩個孩子擠在一間小屋子裡面。有一次，她的腦中靈光一現，突然說道：「現在我明白了，我越是發牢騷，孩子們就會越發牢騷；我再也不抱怨了。」有各種程度的「發牢騷」。大人們經常無聲地抱怨，而孩子感覺到怨氣後，會大聲地抱怨出來，這於人於己都不是什麼好事。

如果想與嬰兒和小孩子們交朋友，自己必須先態度友善。想讓孩子禮貌、善良，自己必須也能如此對他。若不真誠，孩子很快就會感覺到這是一份虛情假意；如果是真心實意的，孩子會表現出極大的興趣。

我們這些成年人應該對孩子以誠相待，把他們當成自己的同齡人，同時又把自己當成他們的同齡人。這聽起來似乎有些自相矛盾，其實不然；兩者是相互依存的，缺一不可。如果只把孩子當成我們的同齡人，會把他當成「小大人」，他會感到拘束不安；如果只把自己當成他的同齡人，在他需要我們提供成熟的建議時，我們又會力不從心了。但如果我們視彼此為自己的同齡人，就可以找到共同語言，共用親密的友情。

互相理解是真正友誼的基礎。不管什麼年齡、思維方式、性格還是身份，只要互相理解就足夠了。這種關係是互相的，雙方都把最好的給予對方。這是力量、寧靜和幸福的基礎，存在於所有的人際交往中。

與成年人友好相處要比與小孩子相處難得多。我們無權對長輩指手畫腳，除非他向我們徵詢意見，但是他們卻總是想以我們不喜歡的方式干預我們的事；我們無權左右長輩的想法，除非他們想聽些新見解，但是他們卻總是試圖改變我們的想法，不管我們願意與否。我們在為此抱怨時當然抱著牴觸情緒。為了能和平共處，必須先承認這點，再找到解決的辦法。

善意地不去打擾別人並理性地審視自己，可以讓自己與人友好相處。若非如此，也不應干擾別人。與一個任性、難以相處的人同住一個屋簷下和平共處，不是不可能的，只要善意地不去打擾他就行。如果惡意孤立他，那所謂的「和平」只是一種表象，早晚有一天會爆發「戰爭」，甚至更糟——演變成自私自利。

我們對他人的影響力，從根本上取決於我們是什麼樣的人，其次取決於我們怎麼想或是怎麼說。對嬰兒和小孩子們的影響是這樣，對老年朋友更是如此。如果他人身上有可學之處，無論此人愚鈍與否，我們都能有所收穫，同時也能讓他人受益。家人如果彼此排斥，那真可謂家無寧日了。一家人住在一起怎麼說表面上也能保持和和氣氣；但如果彼此關係緊張，大家則會面無表情、身心疲憊，只能孤立無援地以自我為中心；有時連表面上的和氣都沒有，長期互相排斥、爭執，這都是因為缺乏基本的同感與共鳴。

敏感的人受害最深，家人及他們自己為此感嘆不已。他們要是知道敏感是上天給予人的一份大禮就好了！敏感的人更能看到別人對自己的好，而不是總感到別人瞧不起自己。要利用敏感的特質讓自己更具同情心，包容別人的過錯，盡可能地為別人指出出路，而不是單純地批評與責罵；這才是有效利用敏感特質的方法。如果利用不當，反倒會適得其反。與朋友的關係越是寬鬆、自然，感覺就會越好。

所有的人際關係都遵循著「愛人如愛己」的原則。待客之道完美地展現了這一原則。違反了這一原則而產生的後果，更能說明問題。

一位女士曾說過：「我把自己臥室內的各種便利設施都記在本子上，然後和客房的對照一下，看看客房是否和主臥室一樣舒適。」設身處地為客人著想，才能善待客人。這倒不是說要客人與她的需求、品位一致，而是說她知道如何讓客人感到賓至如歸。

有時很難做到「愛人如愛己」，因為我們不知道該如何「愛己」。我們對自己有時很自私，有時很愚蠢，有時很苛刻，有時又過度追求完美，卻唯獨沒有充滿自信與嚮往地對自己有所期待。

無論大小事情都會思前想後，這與對什麼事都不放在心上同樣令人難以忍受。同理，對孩子態度的忽冷忽熱也是自私的表現。

關於各種人際關係的是非，可以找出很多例子，從中可以看到一個共通性，那就是正確的關係都遵循了無私的原則。要做到無私，必須像尊重自己的權利一樣尊重朋友的權利；必須保證與朋友的來往純粹而平靜；必須避免一片好心卻適得其反。必須要明白真正的朋友關係是雙方的付出，而不是單方的給予。真正的無私展現在日常生活中的點點滴滴，不能急於求成。

我們如果是某個人的朋友，無論他是嬰兒、小孩還是成年人，我們都應該能和所有人成為朋友；我們如果是大家的朋友，就應該是其中每一個人的朋友；當我們從無私的原則中獲得了寧靜，擺脫了自私找到了自由，朋友們會自然而然地走到一起。因為基於共同的無私原則，無論關係遠近，朋友之間都能做到瞭然於心。

第十章　意志力的力量

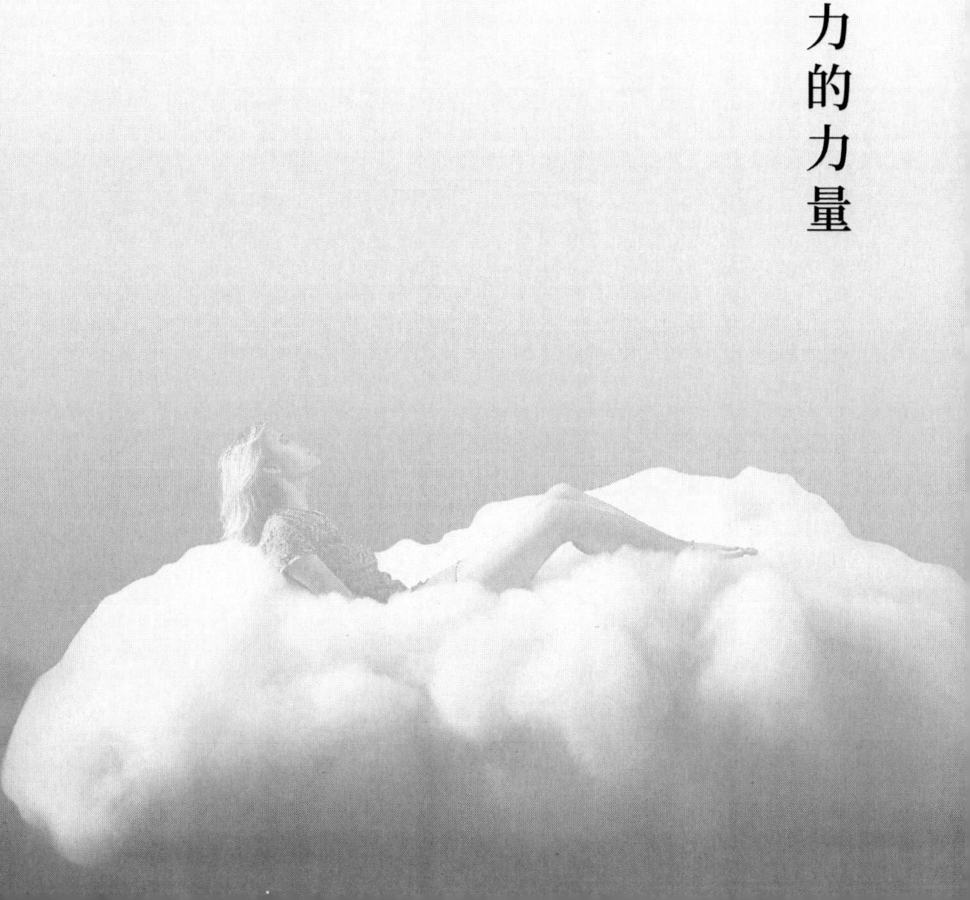

有些人認為意志是可以培養的，可以像肌肉訓練一樣循序漸進地進行，透過每日的訓練慢慢地見到成效。也許我們正在不知不覺中按照佛勒貝爾總結的定律進行著個人早期教育，「從內向外，從已知到未知」。肌肉訓練方法還有許多地方需要進一步去完善，所以進行系統意志訓練的必要性還沒有得到應有的重視。不過，已經意識到必要性的人，正在努力更有效地使用意志。

肌肉訓練的方法不當，訓練效果就會大打折扣。強壯的肌肉常具有欺騙性，退化、變質常在強壯外表的掩護下偷偷進行，因此，我們經常能聽到某運動員死於心臟病的不幸消息。

強大的意志力也具有類似的欺騙性。為滿足個人某種意願而進行不正規的意志訓練，其潛在的危害性比不正規的肌肉訓練還要嚴重。一個我行我素的人一旦遇到挫折就會變得脆弱不堪，與他的強硬性格極不協調。這種脆弱不會輕易暴露出來，因為意志堅強的人一旦發現自己的脆弱會妨礙他的前進，會立即把它隱藏起來。然而，無論如何隱藏，它仍然客觀存在著，常常會在與他沒有利益關係的人面前流露出來。

真正的意志訓練，要訓練它學會去遵守，不是遵守某個人的命令或專制思想，而是去遵守生命的規律。這個生命規律穩定而正確，像自然規律能使太陽和其他星體按照軌道運轉一樣，使生命進程井然有序。深思熟慮之後，人們至少能了解兩、三條規律；在遵循已知規律的過程中，還會發現更多的新規律。

想要真正遵循規律，就得讓意志服從規律並按照規律去做。在此過程中，人獲得了強大的力量，因為對於一個意志堅強的人來說，最難的事就是讓意志完全服從於某事，而最強大的力量就產生於這個艱難的過程中。

舉個簡單的例子：一個意志堅強的小男孩有口吃的毛病，他為此感到十分苦惱。每當說話結巴時，他都會很生氣，全身繃緊，強迫自己拚盡全力去說話，結果結巴得更嚴重了。如果讓他去做某件困難但有趣的事情，而且必須一直做到治好口吃為止，他會咬緊牙關，像一個戰士一樣堅持做下去，希望能在最短的時間內治好口吃。如果告訴他要放鬆身體，別再強迫自己，要盡力克服導致口吃的緊張情緒，他會用盡全力牴觸這種想法。儘管詳細地解釋給他聽，讓他明白這是流利講話的唯一辦法，但是他已養成在壓力下才能發揮意志力的習慣，而且這個習慣已經根深蒂固，因此在剛開始練習的時候，他似乎不緊張就什麼也做不了。

最強大的意志力有時是在妥協中獲得的。這聽起來有些矛盾，但卻是事實。因此，需要很長的時間才能意識到這點，唯一的途徑就是實踐。

小男孩的例子所說明的道理，同樣也適用於其他類似情況。

無論如何，要以最小的代價換來最好的結果，就要在開始做事之前先克服頑固的牴觸情緒。

用意志力抵抗或壓抑某種情感時，神經和肌肉都會緊張起來，最終把自己弄得意志力越來越薄弱。在沒有壓力或外界干預的情況下，肌肉和神經正常工作，意志就會正常工作。意志和肌肉需要的是「訓練」而不是「緊張」，這也是增強意志力的唯一途徑。

世人因某人能掩飾住憤怒而讚揚他意志力頑強，其實能控制住憤怒的意志力才是真正的意志力。長久以來我們已習慣於生活在表象之中，只有經過一段漫長的時間才能逐漸感受到意志的薄弱，意識到它欠缺真正的價值。為了藉由訓練使意志脫離表象、具有實際意義，必須找出導致意志薄弱的因素，並逐漸克服。僅靠消除外界的影響並不能達到長期的效果，只會使意志力在強大的表象下變得更加脆弱。

比如說，有一個情緒易激動的女人妒忌心極重，但她認為那不是「妒忌心」，而是「敏感的神經」；醫生稱之為「歇斯底里」。妒忌心一起，她就會「神經敏感」或「歇斯底里」。這種長期的緊張情緒勢必會對循環系統及身體其他功能造成影響，從而引起器質性病變。她為了博得眾人的讚嘆而表現出極大的勇氣，也的確受到了眾人的誇讚，那正是她想要的效果。她發現藉由這麼做去贏得更多的讚美簡直是太容易了。

做錯事時意志頑強，做正確的事時也能做到意志頑強。問題不是出在缺乏意志上面，而是出在缺乏對正確使用意志的認識上。

有時有的人看似缺乏意志力，其實是他的意志用錯了地方，但他如果長期執迷不悟，那就真的變成脆弱的人了。

一個善妒的女人可能會在表面上美化自己。如果她能看清事情的本來面目，在多數情況下會很樂於正確使用意志，讓自己變得十分美好；身邊的朋友也會覺得她本來就是那麼好。這倒是真的，因為心理和神經使用不當會傷害人的美好本性；如果放任自流下去，一旦面對現實，人就會變得外強中乾了。

很多人不管是不是神經衰弱，都把自己弄得緊張兮兮、虛弱不堪；總是透支自己的意志力；總是極度忍耐，即使進行反抗，也會刻意忽視造成痛苦的根源；終日把虛弱的面孔隱藏在堅強的面具之下。

有些人的做法屬於典型的、可笑的濫用意志。他們堂而皇之、處心積慮地自我犧牲，卻完全忽視了重要的一點：無私不僅有利於自己，還會給他人帶來幸福與舒適。

令人費解的是，有這種弱點的人多為貌似聰明的人；而且這些人在工作中有多強勢，在生活的其他方面就有多脆弱。

白白自我犧牲的人是愚蠢的，與妒婦和工作狂相比是半斤八兩。只有不再放縱自己才能明智、正確地使用意志力。

「緊張兮兮」的女人就是意志堅強卻使用不當的最好例證。有些女人因不能隨心所欲而變得病怏怏的，似乎到了不可救藥的地步。不過，她們可以瞬間忘卻自己的不適，精力旺盛得可以舉辦宴會，因為在宴會上她們可以出盡風頭。這類女人在虛榮心得不到滿足時會變得病弱不堪；一旦有機會在朋友中搶盡風頭、倍受恭維，身體就會超負荷運轉。這樣下去，遲早會真的病弱不堪，狀態越來越糟。

錯誤使用的堅強意志被叫作「歇斯底里」、「神經衰弱」或是「變質」，其後果可能是三者中的一個，也可能三者都是。但意志訓練能治療歇斯底里症，使神經不再衰弱，使變質的精神獲得重生。有時聽說某個患有胃病還哭喊著要糖吃的孩子，正在接受歇斯底里症的治療、正在被當作「精神變質者」來研究，這並不奇怪。他什麼時候能平靜地控制自己不再吃傷身體的糖，身體才算恢復正常了。

如果長期持續在細節上放縱下去，會逐漸損害人的意志，造成無法彌補的巨大傷害。誰都對自己的小毛病了解得一清二楚，但能造成最大傷害的往往是這類辯解：「我就是這樣的脾氣，如果不磨磨蹭蹭、暴跳如雷或邋裡邋遢，我就不是我了。」性情不是控制人而是控制於人；把原有的性情改好不會使人喪失個性，反倒對人大有裨益。「性情」常常被用來當作不妥協的藉口。家族意志常被冠以驕傲的光環，但這個光環最終限制了意志的發揮，使人看不到自身的弱點。這正是濫用傳統造成的。

如果能在小事情上意志掌控自如，就可以為應付大事件做好準備了。這與肌肉訓練同理。在訓練肌肉時，每日的輕量練習是為了以後的重量練習做準備。無論大小事情，不遵守自然規律就別想獲得真正的力量。我們有能力區分秩序與混亂、一致與不一致。在區分過程中能力逐漸提升，並且能透過拒絕混亂、選擇秩序來達到目的。隨著認識的深入，選擇變得更加明智；從而認識進一步加深。但這只限於對因的認識。意志應被訓練成為一種有效工作的工具。為了自我而完善自我是不可能的。

還是孩子時就學會正確使用意志當然是好的。不過兒時沒有學過的人只能自學，像初學走路的小寶寶一樣緩慢地進步。寶寶天天練習走路，沒有絲毫的緊張。每天早晨醒來寶寶不會有任何煩惱，不會抱怨說：「哦！今天還得學走路，什麼時候才能學會啊？」他一次次摔倒，再一次次爬起來，終於有一天會走了，事情也就告一段落了。在訓練意志時也應如此：每天耐心訓練；失敗不要緊，再接再厲。正如平衡規律指導著身體正常活動一樣，生命的規律也指導著我們生活下去。

寶寶學會走路後並沒有沾沾自喜，只是平靜而自然地繼續走路。沾沾自喜或暗自得意不僅阻礙意志的進步，還能直接導致意志薄弱，但人們卻很少意識到這點。平靜、明智地使用意志是塑造個性之本；無私、健全的性格與相應的洞察力使人的神經健全。

總而言之，神經主要負責傳導資訊。作為資訊的通道，一定要保持自由、暢通，使資訊接受得準確，表達得無誤。

因為神經在傳導資訊的過程中，該休息時沒休息，而且工作時用力過度，所以出現了本不該有的疲勞與緊張，從而違反了自然平衡規律和省力原則。除了上述原因，不注意營養的攝取、缺乏戶外運動等等都可以導致人體達不到應有的平衡。

當身體缺乏營養、缺少戶外運動和充足的休息，或者是用力過度時，神經通道就不能保持暢通了。

肌肉訓練應避免用力過度，從而使神經系統處於自然狀態，肌肉間協調運動並直接受意志的控制。

意志也要達到一種平衡。休息時就要徹底休息；休息與運動之間也要達到平衡。這裡的休息通常是指休閒、娛樂及睡眠。透過集中注意力達到省力的目的，也就是說忘掉之前的記憶，腦中只想著一件事，肌肉、神經和意志不受任何干擾。同樣的方法也可用於保持感覺神經的敏感度。

意志的使用控制著一切訓練，是最重要的部分。其他部分全部接受意志的指令，而意志在給予指令的過程中遵循的是自然的精神規律。意志上的混亂展現在肌肉的錯誤使用與神經力量的濫用上，應加以避免。前者是由不會省力、缺乏統一指揮造成的；後者是由對病痛焦慮過度造成的，也可能是由虛假情感、易怒情緒及其他因素造成的。

解決這些問題的辦法就是透過常規的身體鍛鍊保持心態平和，在各方面都保持健康的生活狀態，並且堅持完全遵循生命的規律。遵循規律的生活才是健康、自然的。同理，符合力學原理的橋才穩固，和諧的旋律才動聽；按照透視原理和色彩搭配原理畫出來的畫，才能真正展現自然之美。

無論從事的是何種工作——科學研究、藝術創作還是日常工作——從最簡單的動作到高深的科學或藝術創作，都是藉由身體傳導力量，神經傳導都需要自由、暢通。

力量的大小千差萬別，結果也大相徑庭，但是傳導過程中遵循的規律都是一樣的。生命與規律和諧統一是多麼的美妙啊！

第十一章　漫談平和

「平靜！平靜！就要平靜！」我們經常聽人們這麼說，或是聽人們感嘆：「我們不惜一切代價獲得平靜——任何代價！」

然而，人們知之甚少的是，獲得平靜只需付出一種代價——只有一種代價。顯而易見，這種代價要是我提出來的話，有些讀者會不以為然，甚至會反駁說：「是的，當然是，但是誰能夠付出這種代價呢？我們不能。儘管喜歡平靜，但如果代價這麼大，我們寧可不要平靜。」

另外一些人——那些「為平靜不惜任何代價的人」——會說：「噢，是的，那也許可行，但是我可以更容易地得到平靜。」然而，一問及「怎麼辦？」，為了不冒犯他人，他們會告訴你許多誇張得不切實際的打算。眼花繚亂的、善意的謊言會讓生活披上華麗的外衣；同樣，眼花繚亂的、惡意的謊言也會讓生活披上華麗的外衣。巧妙的恭維，滿足了人們的虛榮心，而不會引起嫉妒；嫉妒只會讓人感到不快。恭維讓接受者愉悅、給予回報，或是更多的恭維、寵愛，也會讓人感到愉快，也就會得到越來越多的恭維。於是，人人開心，因為人一半的虛榮心都得到了滿足，而另一半也因此得以滿足。

說難聽一點，這就是由那些有把握「不惜任何代價」獲得平靜的人所提供的養生之道，其代價並不獨一無二、固定不變，而且也並不是難以支付。另外，從他們的角度而言，所謂平靜，可以按照其推薦的價格獲得。

我已數百次有幸目睹過這樣的養生之道，很多讀者也有此經歷。也許，僅僅是也許，有些人帶著成功人士的虛榮心及生活的滿足感，生活在這個世界上，已經在享受這樣的養生之道，或者每一天都按照這樣的養生之道養生。

但是，這些不惜任何代價獲得平和的人卻不清楚，他們為之努力的平和，以及獲得的任何東西，都是虛假的。就像挖金礦，日復一日，竭盡全力地挖，找到的卻根本不是財寶。自以為挖出金光閃閃的東西，是價值不菲的金子而沾沾自喜，垂涎欲滴。直到有一天，專家來了，檢測過後，告訴淘金者，這東西根本不值錢，而且有毒，越早扔掉越好！真是想不到！淘金者不會相信這個誠實人的忠告。有毒的金屬在他們手中被翻來翻去，他們固執地相信它根本就是金子。

也許有人一笑置之，說道：「哦，是的，我們早就發現它根本不值錢，但是周圍的人認為它值錢，所以我們最好放心地繼續交易，不要戳穿別人的美夢。」他們可能還會補充說：「你知道，這麼做不但我們自己開心，對金子懷有憧憬的人也會感到開心。讓他們明白真相是不是太不夠意思了？」

設想一群人，甚至一座城鎮，進行假幣交易。假金幣、假銀幣——假錢——整個城市都在用假幣進行交易，一直安然無恙。後來，一個來自誠實國度的人來到這個城市，為他們演示真假幣的區別：它們的聲音不同。即使耳膜中仍有真假幣不同的聲音在迴響，居民們還會說：「我們一直在放心地使用你所說的假幣，城市也一切正常，大家都很享受，沒有任何理由改變。」帶真幣的人會說：「現在似乎一切都好，但是等著瞧吧！當你們與外界接觸多了，就發現你們的錢根本用不了，到那時你們會一無所有。記住我給你們的警告。」

有虛假的平和，也有真正的平和。取得虛假的平和易如反掌；取得真正的平和必須付出一種代價——唯一的一種代價。虛假的平和做工精美，以假亂真，即使內行也難以辨別。然而，虛假的平和卻難立足生存，不管它多麼精美，透過檢測就可以讓它原形畢露——參雜了假的成分，充滿了不安、恐懼與貪婪。而真正的平和，越經檢測，越能顯示其強度、厚度及活力。實際上，真金不怕火煉，越是錘鍊，越能彰顯真金無價。

虛假的平和時而膚淺易見，時而真假難辨。有時一次檢測就可以當場揭穿它，暴露其全部虛假的內在平和；有時虛偽由來已久，披著厚重的外衣——如糖衣藥丸，要經歷許多次堅持不懈的檢測，才能發現它虛假的本性：透過糖衣，發現藥丸苦澀之處，而且其糖衣越厚，藥丸越苦、越澀，味道越重。

我們唯一可以確定的事就是，虛假的平和總是如浮萍般膚淺，無堅實根基可言，似煉獄般虛幻。儘管如此，它的外表卻精美華麗。我認識一位婦女，總是表現出寧靜的樣子，似乎想用平和的微笑表明她內心的平和。很多朋友及追隨者對她羨慕不已，渴望經過努力也可以獲得她傳達出來的平和感。這就是虛假的平和，也可稱為自滿。有時，我認為這種表現如同待在冷庫裡一樣，把這樣的人從冷庫裡帶到陽光明媚的真實生活中，就會立即解凍。

還有一位婦女，她外表平和，樂於助人。她認為，自己那樣表現會讓她更受歡迎。人們表揚她、恭維她，認為她比那些更真誠的姐妹還可以依賴。可是，這位虛假的平和代言人充滿了憎惡與牴觸——這些都隱藏在深處，不可暴露，直到她不再受歡迎，或者她突然良心發現。

我認識一位先生，他表現出來的平和的態度給了許多人愉快、安慰，然而就是這個人，有時似乎自以為是到冷酷無情的程度，尤其當自己褊狹自私的觀點受到別人反駁的時候，即使按照世人的觀點來看，反駁的是那些本應同樣得到尊重的人。

我想到另外一個人，她表現出的平和更為動人，然而面對痛苦的考驗時，她內心的平和卻變成了極度的恐懼。有時一件簡單的、針對孩子的事情，就完全可以讓虛假平和的偽善暴露出來。一個朋友講述了她的故事。她教一個小女孩數學，當時她非常煩躁，甚至隱隱地有些生氣，然而她卻勉強打起精神，表現出溫柔體貼、彬彬有禮的樣子講著數學題目。孩子越聽越糊塗，終於忍不住悄聲地說道：「史密斯小姐，您要是不這麼煩躁的話，我可以理解得更清楚。」孩子的話讓我的朋友感到震驚，非常震驚，因為她一直竭力地披上厚重的糖衣，卻忽略了試圖遮掩的、真實存於內心惱怒不安的情緒。

我所提及的一些人（可以舉出更多的例子）理所當然地認為，他們有從善的願望，他們是真誠的——有些人的願望是真誠的——但是，遺傳、教育和環境讓他們無法了解虛假的平和與真正的平和之間的差別。他們對自己的虛偽一無所知；最重要的是，他們不明白平和無價。真正的平和只有一個價格，這個價格必須在支付之前就知道、就獲得。它值得為之奮鬥——百分之百值得——因為真正的平和無價可比。真正的平和與虛假的平和迥然不同，其差異之大如生死有別，一個是建設性的、賦予生命的；而另一個是毀滅性的、扼殺生命的。

獲得平和，並非如人們想像的那麼艱難，只要有耐心循序漸進、心甘情願就行。也許說來有些奇怪，但人在獲得真正的平和之前，必須要弄清楚什麼是虛假的平和，這樣才能理直氣壯。我認為，人過於自私，總是傾向滿足於虛假的平和，所以徹底清楚真正的平和與虛假的平和之間的差異非常關鍵。即便如此，也會經常誤入歧途，待覺醒時發現自己正自欺欺人。察覺兩種平和的差別是頭等重要的事情。它對我們有益無害，會提醒我們要隨時匡正自己、維持正確的方向。

為獲得真正的平和，我們需不斷努力。在這一過程中，我們的警覺性會不斷提高，也變得越來越敏銳，才能逐漸認清虛假平和的可怕之處，甚至開始好奇人們如何受到虛假平和的蒙蔽。

酗酒和吸毒讓人上癮，生活中的許多事情，其影響亦是如此。沉迷於精神鴉片，其影響如同吸毒。只不過過程緩慢，惡果慢慢顯露而已。而虛假的平和帶來自我的滿足，就是一種物質毒品，如同嗎啡麻痺人的精神。

真正的平和帶來身體和精神的健康，讓人內心充滿活力，其效果類似於高山上清新的空氣。但是，真正的平和需要爭取。

我寫這本書的宗旨和希望，就是盡我所能，向人們指出通往真正的平和的道路，沿途豎立唯一的安全路標，寫著「虛假」二字，警示人們少走彎路。我不會以為自己已經找到了不受干擾的真正的平和，那樣的話我敢說，我無話可說了。但是我確實認為，我已找到通往平和之路；而且我正和其他人一起努力著，走向永久的平和。

我只知道一件事：找到平和之路、感受到它帶來的力量，不依賴他人、不依賴環境、不依賴自己的境況、不依賴遺傳；找到平和之路，需要我們努力奮鬥，就好像在這個世界上，我們舉目無親、孤苦伶仃；找到平和之路，就會讓我們與同伴進行最真實的交流，付出更多、收穫更多。

為獲得平和，我們所付出的代價，所付出唯一的代價，我會在下面一一道來。

◆一、家庭的平和

有一次，我有幸去拜訪一個家庭，這是一次非常有意思和愉快的經歷。這家人多，有父母和好幾個成人的孩子。他們的家很漂亮，家庭用具一應俱全。家裡的每個人都談吐得體，對人周到體貼。然而，對對他人狀況非常敏感的人來說，細心觀察就會發現，他們刻意表現的周到體貼和彬彬有禮，僅僅是那些外在的東西。他們之所以這麼表現，就是為了不打破這種外在的舒適，絕不是因為它是對的。人們可以感覺到家庭成員間的牴觸和怨恨，可以發覺不快是怎樣不斷地被壓抑、撫慰，如同幫苦澀的藥丸披上糖衣，但卻未真正地驅除——其真正原因所在。不快從未被允許顯露，讓人面對。

我在懷疑，家庭成員們是否意識到了在他們心中孕育的仇恨。這種仇恨被深深地壓抑在心底，表面上卻裝作若無其事的樣子。一想到終有一天，不管這天發生在何時，這種仇恨會像火山一樣爆發出來，真是令人不寒而慄。而在此之前，他們很難找到真正的自我。

虛假的平和有助於人們找到自我，這也許是其唯一可取之處，也為生活在虛假的平和重壓之下的家庭，示範了如何變得心地純潔。

現在，假設家庭成員失去了抑制力，所有壓抑的情感都要噴發，那這一定是一場地獄般的戰爭！想到就讓人害怕。然而，對於虛假的平和而言，這些火藥和硫磺難道不是好事嗎？因為虛假的平和一直在裝腔作勢，完全漠視真正良好的品格。

當自私的情感浮出表面，我們才能認識它的可怕，於是在言行和思想上都會果斷拒之。相反地，我們卻希望滿懷期待、敞開心扉去迎接美好的事物，而且總能如願。但是，一個重要的事實是，我們因過度壓制或過度沉迷於自私的情感，而變得麻木不仁。坦白說，雖然執迷不悟足以讓我們冥頑不靈，但是，武力壓制更會使我們神經麻木。

如果一直隱藏憎惡的情感恣意妄為，一旦不能如意，就會暴躁、惱怒。這時，就是我們要面對事實、尋求改變的時候了。否則，牴觸情緒和排斥心理日積月累，數年後就會爆發出來，變成敵對情緒，此時它也不再有所隱藏，或者得到理智的克制，如同由深仇大恨產生的謀殺一樣讓人刻骨銘心。幸運的是，只要我們一直堅持在言行和思想上都果斷拒絕，兇惡的仇恨行為就不會騷擾我們；同時，我們需要付出最艱苦的努力，清除心中的毒素。只有完全清除這些自私的毒素，才能發現真正的平和。

現在，真希望這個擁有虛假的平和之家尚存抑制力，它的理智已開始蘇醒，願意擺脫所有被壓抑的、焦躁的情感，獲得真正的自由與平和。同時，家人都意識到生活中的錯誤，欣然同意進行改變，實現大家公認的、必須的平和。但是一旦家人達成一致，如要取得真正的成功，所有的合作就該立刻終止——徹底終止。

除非個人的工作是首要的，否則任何團體，不論是家庭、公司，還是慈善機構，如果不以合作的方式進行工作，就不會取得任何進展。誠然，一些家庭有良好的合作形式，因為他們都擁有自私的情感。記住，一旦家庭裡一位成員的虛榮心受到另一位成員的限制，整個家庭就會如同一臺機器般四分五裂；公司和慈善機構亦如此。

以家庭的形式找到真正的平和，每位成員必須全力以赴，心甘情願地放棄與家庭發生衝突的一切。只有一個例外，那就是只要認為你的原則不可動搖，就堅持不要放棄。但是，在一些瑣碎、細小的事情上，可以不斷地放棄。

確切地說，為了找出自身存在的牴觸情緒及怨恨心理，每位受壓制的家庭成員都應該埋頭努力，盡快地在言行及思想上都果斷拒絕這些不好的心態。某個陽光明媚的早晨，一覺醒來，他們就會發現家庭已變得如此和諧，就是說，家庭成員合作的方式與眾不同，應能讓他們睜大雙眼，認清以前產生隔閡的真相。

這麼做需要每位成員各自努力、單獨工作，堅持不懈，全力以赴。當每位成員都找到了內心真正平和的力量，他們就會自然地團結起來，一起合作共事。這才是堅如磐石的合作。

即使家庭中只有一位成員為自己的自由而努力，在言行及思想上都果斷拒絕牴觸或怨恨等不好的情感，最終也會對家庭產生潛移默化的影響。儘管不是發生在自己身上，但其他人將會注意到這些變化，如果內心仍存希望，就會產生同樣的想法。我耳聞目睹過這樣的事情。當然，這個過程比較緩慢；但天隨人願，美好的事物總會來臨，即使是一縷自由和生命之清風掠過，也能提升興趣、給予活力，讓你為尋求永久的自由與平和而努力工作。

有一次，一位母親寫信給女兒——女兒正經歷青春期情緒變化無常的煩惱——說：「親愛的乖孩子，妳為什麼不能保持平和？」女兒回答道：「媽媽，媽媽，我在真正地獲得平和之前，無法保持平和。」女兒本能地知道，不經過努力獲得的平和不是真正的平和。同理，在尋求真正的平和過程中，歇息時發現的小小綠洲要遠勝於許多人沾沾自喜地享受著的虛假平和，就像溫暖流動的陽光遠勝於黑暗潮溼地牢中的汙濁空氣。

人無法創造平和，平和無法被創造出來。清除阻礙時，平和會悄然而至。當平和來臨之時，人會受益無窮。

細心觀察就能注意到，認為自己的平和取決於他人的想法非常普遍，真讓人吃驚。事情過後，總是主觀地認為：「要是誰不自私、惹人討厭的話，我就沒事了。」或者認為：「要不是誰不夠體貼，或誰總是抱怨讓我煩躁的話，我本來可以保持平和的。」別人讓我們感到不自在，我們就下意識地不斷抱怨，而事實是，家庭裡沒有人應為他人負責，首先要自己對自己負責。父母也不例外，如果他們不先對自己負責，就無法為孩子負責。很多父母會說：「我們當然知道。」但多少人能做到呢？多少孩子因父母的自私和偏心遭受痛苦呢？而這些父母也在遭受折磨，因為孩子非常不聽話，沒有責任心。困難在於，人們不願面對自己，或者父母的自私造成的後果很微妙，難以對號入座。但當大人確實開始懷疑自己，不清楚自己是否真的有努力發現自己的自私時，他／她會在言行及思想上都果斷拒絕自私，孩子就能大受裨益，比嚴格管教好過千倍。人們也會驚奇地發現，疑惑逐漸變成肯定，孩子們似乎奇蹟般地變好，卻不知道原因何在。當然，孩子們變好這種立竿見影的事不是常有的，有時好像漫漫無期，有時轉瞬即來。不管怎樣，家庭都會受益匪淺。這就證明了平和來自各自內在的努力，而不是來自為平和而強加的、所謂的責任，即使受強迫的是我們自己的孩子。

父母要是發現自私的想法是保持平和的絆腳石，而克服這些絆腳石對家庭的平和很有益處時，他們就能頭腦清楚地幫助孩子承擔個人責任。假設一個孩子心情煩躁，帶著牴觸情緒抱怨弟弟的行為，爸爸就可以根據自己的經歷，有理有據地對兒子指出，首先他不該心懷牴觸的情緒；其次他可能表現出某種自私的傾向，才引起弟弟的不滿，儘管這種不滿不是直截了當的。如果父親根據自己的親身經歷，對孩子坦誠相待，孩子也會積極地做出回應。

自己率先遵守法則，勸說他人時才有力量——這才是真正地為法則代言；否則，出於了解法則的自滿心理，或某種帶有私心的責任，闡釋法則就不會有任何力量，即使它暫時表現得多麼有力量。

個人努力的過程中有一點至關重要，那就是為了更好地獨自工作、獲得獨立，必須清楚哪些地方需要別人的幫助。了解這一點，了解自己所受的束縛，對於找到真正的平和極為關鍵。

譬如，家庭中經常有挑剔、責罵的現象，被責罵的人不要牴觸或怨恨，而要認真傾聽，不管責罵的話有多麼難聽，總會在看似不公的謾罵中存在一些道理。這時，他就要坦然面對，虛心接受，積極做出回應。經常有人批評我們的事情是對的，但批評的方式讓人厭惡；這時，就不要太計較方式，而要面對事實、欣然接受。這樣不但自得其樂，自己的大度也會讓我們占上風，讓批評者為其不當行為愧疚。

你看，事實就是這樣。跟人生氣，說了一些氣話，可以料想受攻擊的人會有意識或無意識地做出反應，生氣或說氣話，就如同往石牆上丟球，球會反彈回來擊中你。

現在，假使你站在看似厚實的石牆前，往牆上丟球，卻發現它是一層霧，球飛越而過，很自然地，你就不會再向它丟球了吧？有人用毒舌咒罵你時，也是如此。如果你拒絕回應，咒罵會戛然而止——你必須心態平和地拒絕。但如果你外表平和，內心怨恨，這種內心的怨恨就會被感覺到，且外表的平和就會令惱怒的罵人者更加火冒三丈。

總之，獲得家庭的平和，真正的平和，唯一的方法就是每位家庭成員都要先——也許是只需要——對自己清醒的頭腦負責；其次，不管對錯與否，每位家庭成員要尊重他人的想法與意見；第三，要堅持不懈，保持耐心，努力奮鬥。

如上所述，即使家庭裡有一位成員按照所說的方式努力，也會使家庭氛圍變得融洽，也一定能徹底避免虛假的平和。假如有戰爭的烏雲，這種努力也會洗刷掉烏雲，讓晴空萬里。

許多家庭和家庭成員由於長期背負平和的絆腳石而身心俱疲。一個身負重擔的人怎麼能放鬆身體呢？如果每天、每小時都因為精神上的牴觸或怨恨而神經緊張，又怎麼能解除身體上的束縛呢？

正常情況下，我們會很欣喜地看見家庭成員，哪怕是一個，發生了立竿見影的變化，他決心自己承擔責任，明智地、堅持不懈地努力拋棄牴觸情緒。想到這一點固然欣喜——你可能還會這樣說，這個人幾乎希望有這樣的場景出現：當家人爭吵不休的時候，即使他在場，也可以置身事外，享受快樂。這些假想的、瀟灑的情景不應該得到支持，因為這種快樂和自由是以犧牲他人為代價，會讓牴觸情緒捲土重來，在還未意識到之前，就被糊裡糊塗地重新捲入爭鬥的漩渦。

不受他人約束、真正的自由讓我們能設身處地地理解與同情我們的同伴，同情也讓我們充滿美好的願望，希望盡自己所能幫助他們獲得自由，也讓我們自己享受舒適和愉快，並對此抱有感激之情。

就爭吵這件事而言，很多家庭遭受水深火熱之苦，因為家人總因瑣碎之事不斷爭吵。如果一位成員堅持刻意地、不帶牴觸情緒參與爭論，那些經常帶有牴觸情緒的爭論者也會慢慢熄火，因為他們拋出的火藥彈擊在了霧牆上，沒有反彈回到自己的手中，消失得無影無蹤，於是彈藥用光了，愛爭吵之人也因缺少彈藥而偃旗息鼓。

實際解決問題的辦法數不勝數，堅持不懈一定能讓人免受家庭束縛之苦，幫助人實現家庭團結。這裡不再贅述，因為都是殊途同歸的道理。

首先，不要因為自己的牴觸與怨恨而責怪他人，不論這個人是誰，不論他的言行多麼荒謬、多麼不公正。盡自己最大的可能與責怪他人的想法一刀兩斷，把它拋之腦後，如同根本不存在。永遠不要感到滿足，直到自己完全拋棄了牴觸與怨恨，確定任何事情都不能喚醒它們。

即使到那時，也不要掉以輕心，因為你並不安全；不可預料之事常常不期而至，會讓怨恨的情緒死灰復燃，連你自己都會大吃一驚的。

那該怎麼辦呢？

欣然待之。因為只要身體裡藏有毒素，就要了解它，依靠頑強的毅力，在言行和思想上都果斷拒絕它，這樣毒素就沒有藏身之處。毒素總是伺機再次入侵我們的身體，而肌肉卻毫無感染的跡象，這時才能證明毒素已被徹底排除。我們是靠自己獲得的健康心理及謙卑的態度戰勝了毒素。讓這些毒素遠離肌肉，是運用規律而取得的巨大成就。我們不僅能保持健康的心態、樂於幫助家庭的其他成員，而且會發現家庭裡的其他成員也不知不覺地和我們融為一體，而之前他們是想方設法地避開我們。

清新的空氣具有神奇的癒合功效，這一點對致力於身體保健的人來說毫不陌生。那麼，對於渴望探詢健康的心靈之人來說，為什麼對具有神奇癒合功效的清新精神空氣感到陌生呢？是因為我們當中幾乎沒有人能真正長長地、深深地呼吸到這種精神空氣嗎？所有真正的平和，內心都充滿了清新的空氣——實際上，它就是內在的清新空氣。

◆二、對孩子的平和

「啊，孩子煩死我了——他總是在折磨我，我要受不了了。」

這是一位年輕的媽媽所發出的厭煩感慨——幸運的是她還年輕，因為她可以從照顧幾個孩子身上學到經驗，不讓他們折磨她。在她能有幸有朋友在旁邊傾聽她說這樣的話之前，這種絕望的聲音已經從她嘴裡喊出來好幾次了。這位朋友本身也是一位母親——實際上她當媽媽很久了，我都不確定我寫這本書的時候，她是不是已經是祖母了——她靜靜地等著，等這位媽媽怒氣消了，才平靜地說：「妳是否曾經想過妳折磨孩子，比孩子折磨妳更多呢？」

「什麼？」年輕的媽媽回答道，「我折磨他！怎麼不看看他是怎麼做的——從早煩到晚，從來不聽話直到我不斷地勸說，實際上也可以說是強迫他服從；喜歡一個東西從沒超過五分鐘。照顧他，我的大腦從早到晚不斷地受到摧殘。當然他是我的孩子，我也是真的愛他，但是我沒有享受過太多他帶給我的愛。」

接著，不高興的媽媽停了下來，可能是想喘口氣吧，同時也是給她的好朋友說話的機會。

「難道妳沒告訴過我，當妳生病不得不找個保母照顧他時，他表現出來的平靜與滿足讓妳驚訝嗎？」

「是，我確實很驚訝。他不僅讓我驚訝，也讓我很生氣。是我，他的媽媽，把他帶到這個世界，並且如此地愛他。而他呢，卻使我如此地痛苦；我請來照顧他的保母呢，從他身上得到了許多安慰。他呢，也很高興。」

「妳想過原因嗎？」

「原因？能是什麼原因呢？」

「我親愛的朋友啊，妳不知道原因嗎？妳是怎樣讓自己生氣，不斷地折磨自己的？」

一切都是這麼的自然，或者是有些人可能會說，就是在這樣一個時刻，這位和藹的老朋友感覺到這位年輕的媽媽在聽，繼續詳細地說明她是如何折磨兒子的。首先，孩子遺傳了父母的天性，他也會發脾氣，也會很任性。事情在媽媽和兒子之間變得越來越糟，跟一些孩子一樣，他也有自己獨特的見解，他學習的東西正好是能讓媽媽生氣的事情，並且只要有機會他就會去做這些事情。接下來就是媽媽生氣了，兒子也生氣了，他們之間互相傷害。媽媽比較有優勢，因為她年齡比較大，比較有力量，並且她是媽媽。她認為她有權利把她的想法強加給兒子，但是兒子沒有權利把他的想法強加給她，因為她是他媽媽。

很容易就能看到孩子的大腦正在受到傷害，也很容易能看出來他非常生氣，氣憤的情緒充滿了他的全身，正在折磨他，正在阻礙他大腦發育和道德開發。很容易看得出來是媽媽引發的這一切，任何人都會很容易地看到這一點，只有媽媽自己看不到。她太在意自己被孩子折磨這件事了，以至於根本沒注意到她對孩子造成的傷害。但是現在不同了，她的朋友在提醒她，透過一系列的問題，讓這位年輕媽媽一點一點地回憶孩子的生活。從出生開始，這個任性的小嬰兒就大哭，因為媽媽沒有立刻抱他，就大哭大鬧，自己氣得不得了，媽媽也變得越來越厭煩，後來只要孩子不哭、很安靜，媽媽就已經很滿足了。

媽媽清楚地知道她自己從沒安靜過，對自己也沒耐心，也從來沒有控制過自己的任性；她希望兒子能聽話因為她說要這樣做，並且在撫養孩子的過程中，她真的放縱了自己的任性。她也清楚地知道不是孩子在折磨她，是她在折磨自己的同時也折磨了孩子。

這是非同尋常的醒悟，在「換位思考」的過程中，這位媽媽承受不住壓力，臥病在床好幾天。她的好朋友知道她生病的原因，無論是從精神方面還是從身體方面都無微不至地照顧她，直到這位媽媽準備好重新開始。她必須有足夠的警覺性以免老毛病——任性——再次來襲，她要保持清醒的頭腦，不讓憤怒的情緒控制自己，真正的母愛和智慧重新占據自己的頭腦。

簡單幾句話描述的是漫長的過程，但是因為這位年輕的媽媽真的悔悟了，所以她會堅持下去，讓發自內心的感知能力指引自己。

無論錯誤本身還是改正錯誤的過程中，痛苦都會明顯減輕。對於許多類似的情況來說，就像顯微鏡一樣能夠讓大家更清楚地看清事物。

對我而言，絕不能說僅僅是孩子在折磨家長。人們總是在說，如果家長和孩子之間存在問題的話，是家長在折磨孩子。孩子來到這個世界，根本不知道各式各樣形式的自私方式，這種自私有時會從內心傷害他們。當一個嬰兒想隨心所欲放聲大哭的時候，是因為他得不到自己想的東西，他怎麼會知道這麼做有什麼不對呢？保佑這些可憐的小傢伙吧！他們來到這個世界開始全新的旅程，前方充滿了絆腳石和意想不到的困難，所有以一種或另外一種形式存在的這些石頭及困難，它們僅僅是由任性與固執引起的。固執有各式各樣的形式，但如果我們知道固執的原因、清楚它們，我們就不會受衍生出來的各種形式影響了。

現在有一個小孩開始了他的生命之旅，他並不了解生活到底是怎麼一回事，然而人們卻理所當然地認為他知道，並且對他期望很高。問題在於父母或他們其中一人，自己都沒有克服生活中的種種困難，又怎麼能教他們的孩子去克服呢？如果你從沒走過相同的路，也不知道這條路，你又怎麼能安全地為另外一個人指路呢？

孩子不是我們的孩子，他們是胚胎男人或是胚胎女人，我們只被允許在他們人生剛開始的時候指引他們；當他們可以獨立的時候，我們就該放手了。如果從一開始，我們就能意識到自己是在幫助他們遵守我們每天都在遵守的規則的話，如果孩子長大能夠理解我們的話，讓他們明白我們並不是由於個人原因讓他們服從我們，而是在教他們服從我們的過程中，幫助他們成長、建立意識，從而達到孩子與我們一起遵守相同的原則。這時，雙方都沒有任何壓力，這些小傢伙們也可以健康地成長了。

我認識一個小孩，她有時很煩躁，經常說：「為什麼你告訴我自己選擇，而我不得不選擇你認為正確的方法呢？」我清楚地記得這個小女孩哭著跑上樓，「她讓我自己選擇，當然，我選的是她讓我做的。」

小女孩清楚地知道怎麼做是對的，當她按照自己意願做事時她會很高興。

當你給孩子足夠的空間，並且以正確的方式給他們自由的時候，他們是很有個性的。還是這個小女孩，她面前有一份很費力的工作，她雖然尖叫著抗議，卻沒有退縮也沒有說她不能做。她毫不猶豫地投入擺在面前的工作，大人都會很贊同她勇於承擔艱難工作的行為，因為在這個過程中她贏得了自信心。

我們從孩子身上能學到很多東西，但是在我們能引導孩子之前，我們必須要先學會控制自我。

孩子對周圍的事物很敏感。如果我沒有說一句生氣的話，而事實是我很生氣的話，孩子會立刻知道，這不僅會把我的壞脾氣表現出來，他也會做許多頑皮的事情讓我更生氣，然後再抱怨我生氣了。孩子不知道他在做什麼，他是在用他生下來就有的壞脾氣讓我生氣。我是兩個人當中唯一應該被責備的人。我們如果真的是為了孩子好的話，就必須克服我們自身的錯誤、克服引起錯誤的原因。

許多孩子不假思索就學會了偽裝自己。我有一個成人朋友，她生病了，在病床上她承認，小時候家裡的長輩讓她做這做那，她表現得很高興，很願意為他們服務，周圍的長輩也很喜歡她。但是她說，其實她討厭這一切，在愉快的、願意的虛偽面具下，她生氣到了極點。當她慢慢長大，她的神經已經過度緊繃，不能再抑制自己的情緒，從孩童時代壓抑的情緒都表現了出來，周圍的人還有她自己都不得不遭受痛苦。我知道這樣的孩子不只她一個。一個好朋友能夠看到面具下面的孩子，能幫助他看清楚這樣的虛偽有多可怕，是一件非常好的事情。難怪孩子會陷入這樣一個坑裡。他們表面上做這做那，做一切大人們認為是好的事情，僅僅是為了讓大人喜歡他們、愛他們。很大一部分的成年人不也是為了表現出來的自我而活，而不是為真正的自我而活嗎？我們又怎麼能期望孩子做得比我們更好呢？

我們經常會聽到：「如果我們想要一個文明發達的國家，必須從孩子開始。」我們這些大人又意識到多少呢？如果我們真的想幫助孩子，必須從自身做起。這是生活中最重要的，首先從我們自身找毛病。當從自己開始時，我們能根據實際經驗教育孩子，他們會學會的。

「媽媽！媽媽！」小女孩大聲叫著，「威廉欺負我。」「嗯，」威廉悶悶不樂地答道，「她不應該總被情緒所左右。」於是媽媽把小女兒帶到一邊，用兒童的語言勸說她不要被情緒左右。在另外一個房間裡，媽媽教威廉如何像男子漢一樣，要幫助妹妹，怎樣和妹妹好好相處。這個課程需要教和學好多次，但是對於孩子來說，每一次的學習都能成為他們生活的一部分，最後成為孩子審視自我，找出自我缺點的更好方式。你可以看到曾經是這樣的：媽媽曾經很難控制自己的情緒，爸爸過去常常對他們造成無心的傷害。媽媽有一天發現自身存在那些傷害他人的自私情感，所以下一次爸爸生氣時，媽媽對爸爸的生氣也沒有不悅的反應。情況是爸爸的氣憤使自己很受傷，他也清楚看到了後果的可怕性。壞的習慣改變了，媽媽和爸爸已經踏上了改變自己的路程，同時也準備好向他們的孩子們展示相同的方法。他們的小兒子和小女兒會變得更好，因為他們首先是父母的小孩。

當我們向孩子展示真正的服從時，孩子經常會說：「可以，但是怎麼怎麼樣。」說一些其他不能服從的原因。我們通常不得不回答他們：「但是這些事情跟你無關，只要你是平和的、愛自己的。」

孩子經常躲避這樣的情況，抱怨它的不公平。你要向他真誠地解釋，這樣那樣是錯的，但是這樣那樣也不能抱怨任何人，直到改正自己的錯誤。「這是事實，但是目前真的跟你無關。你的任務是承認自己的壞情緒，不要想它，說它是由於什麼情緒而採取的行為，然後看看這樣那樣到底會怎樣。」

許多成年人正在承受不公平的痛苦，如果他們能找出引起生氣或是傷害他人的原由，轉移注意力，重新開始的話，對於孩子來說真是奇蹟啊！

在嬰兒出生不到七天的時間裡，他們的大腦已經開始受到摧殘了。父母以一種或是另一種形式折磨孩子，折磨的過程在不斷繼續下去，孩子承受著痛苦，阻礙他們健康成長；但是只有相當少數的父母相信所有的麻煩都是他們引起的。我們能做些什麼呢？可能隨著時光的流逝，會有更多人相信這一點，為這一點的早日實現而努力。讓我們充滿希望、充滿信心吧！

◆三、與朋友間的平和

「是的，他幾年前是我的朋友，但是我們之間有誤會，關係也不比從前了。實際上，我們現在很少在一起，我有好幾個月沒見過他了。」

這並不是不常聽見的話，而是司空見慣的事。大多數人看起來都不知道兩個人之間的誤會，即使兩個人沒有一個人想過，彼此都會感到困惑。這團迷霧，即使沒有機會增加雙方的誤會，至少也是其他誤會的滋生器。

令人不愉快的誤會是由思維方式引起的——不是由於個人——只要當事雙方有一方保持冷靜的頭腦，誤會就不會繼續下去。怎樣才能保持冷靜的頭腦呢？不要討厭或反對對方的說法及做法。你朋友的想法可能大錯特錯，或許沒有公平可言，也沒有道理可言。即使是這樣，你也沒有權利討厭他。跟你有權利說得對做得對一樣，他也有說錯做錯的權利；客觀地說，你沒有否認他的權利。如果因為你不同意他的意見，而剝奪他自由思考權利的話，產生矛盾的不是誤會，而是你的牴觸情緒。

假設，從另外一方面來講，你朋友認為你的意見是錯的，比你反對他的意見更強烈地反對你的意見。這還是跟你無關，因為你沒有權利干涉他或其他任何人的反對意見。

你應該明白我想要說的是，朋友之間的平和主要不是靠雙方，起初僅僅是靠一個人而已。值得肯定的是，朋友之間的平和會慢慢建立起來，如果其中一個人能單獨工作，同時不要心懷厭惡或牴觸情緒，並注重對方感受的話，友誼會更快地建立起來。清除一切誤解及「友好的」爭吵也不是問題了，這當然是我們要的理想狀態。但是，我們任何一個人都沒有權利依靠他人為我們帶來平和。當然，如果當我們做自己的工作時，另外一個人做他自己的工作，這樣就比較好了；但是，如果他拖延或拒絕全部工作由他一人承擔，並且他這樣做會讓我們所有工作更加困難的話，對我們而言，應該要歡迎這個困難的到來。因為工作越困難，我們就越應該拒絕厭惡或是牴觸情緒。每一份努力都會在我們之間建立更穩固的友誼，這種友誼要考慮到朋友的感受。特別是當我們的厭惡感平息下來，發現了自身存在的缺點、錯誤時，在和朋友相處的問題上，我們應該主動承認錯誤。

對自身錯誤視而不見的人會更快地反省自己，如果他的朋友坦白地承認自己的錯誤，沒有為自己的錯誤找任何藉口的話。最一開始，他的朋友可能只是表面上承認自己的錯誤，到後來他也能從自身發現一些缺點，最終和朋友達成真正的共識。

我覺得這個幾乎是一個錯誤，我只用了這麼少的篇幅來講述，影響我們態度的事物也會影響他人，這就是我急著要強調的原因；只要我們不反對他或討厭他，另外一個人是誰、他做了什麼、他說了什麼都不關我們的事，跟我們一點關係都沒有。當我們自己達到那樣的思想平和時，它是如何影響他人就和我們無關了，除了我們十分確定，只要耐心等待，結果早晚都會是好的。我們很難預測好的結果是如何表現出來的，當然沒有完全一樣的事情。

從所謂朋友口中說出的虛偽友善是多麼令人作嘔啊！「要是我能幫助你該有多好啊！讓我為你做點什麼吧！」這就像是外表裹著糖衣的炮彈，裡面充滿了厭惡、牴觸和自我優越感。說話人內心深處是憤怒的咆哮聲。沒有人能幫助其他人，除非他自己先清楚內心的障礙，擁有一顆仁慈的心、清楚的頭腦。重要的是我們怎麼想，其次是我們怎麼做，最後才是我們怎麼說。

朋友一個小小的、發自肺腑的動作或是簡單的話語，比任何虛偽的友善或幫助意味更多、更有用。人們會驚訝於一個朋友對另一個朋友無意識厭惡的數量之多。除非表現出來，正視並承認它，否則友誼是不健全的，也不可能有真正的平和。

「兩個人才能吵起來」，應該用「但是一個人就可以停止爭吵」予以回應。

「如果他這樣或那樣，我們就可以成為很好的朋友。」簡直就是廢話。這看起來是來自於人類根深蒂固的習慣，不斷地責備他人，然而事實是他人根本就不在其中，總是在說我們怎麼怎麼樣，其實只是我們自己的原因。

當我們在自己身上發現平和的時候，我們的朋友就不會，也不能引起我們心中的怒火了。只要我們不去理會就對了。因為我們的興趣是不一樣的，在生活、工作及思考方式方面，也沒有完全一樣的看法。不常接觸不會使友誼減少，缺乏親密感並不是因為缺乏信心，而是因為沒有那麼多類似的興趣愛好。老朋友見面是多麼令人愉悅的啊，他們一起度過了一段快樂的時光，然後愉快地道別，他們互相尊重，同時也沒有留下任何遺憾。

許多人對於友誼的破裂都很困惑，兩個人之中沒有任何一個人認為他們之間的矛盾跟他的朋友無關，唯一相關的就是他自己。兩個朋友的任何一個都會對自己有著這樣相同的想法，後來事情就是這樣發生的。

如果我的讀者能理智地回憶一下友誼的破裂，「如果他有所改變的話，我們很可能成為好朋友。」讓他立刻就看清楚這種想法的錯誤性吧，讓他承擔起友誼破裂的全部責任。這麼做也許很難，事實上在一些情況下，起初看起來是不可能的，但是在生活中我們學到其中最令人愉快的一個經驗，就是我們必須做一些不可能的事。只要我們堅持下去，為了對破裂的友誼做出補償，我們必須做一些看起來不可能的事。如果和我們關係破裂的朋友聯絡不上的話，首先要清除我們不能找到他的阻礙，同時我們該做的也要做。即使他感覺不到我們的誠意，其他人也會感覺到。實際上，我們原來的朋友會感覺到，即使我們再也沒見過他。

當我們牴觸另外一個人的狀態，過去也好現在也好，我們都是在受他的奴役。當我們找出受其奴役的原因時，即使是在我們再沒見過他、聽到過他任何消息的情況下，由於我們的釋懷，他人就感覺不到輕鬆嗎？看起來似乎是可以這樣的。

你知道的，我們絕不會受我們真正愛的人所束縛。我們越愛一個人，我們就擁有越多的自由。受約束的時候是沒有平和心態的。我們不能擺脫束縛，僅僅是因為我們只是擺脫了時間、地點或是讓我們舒服的人。我還是要強調，我們絕不會受另外一個人約束的，僅僅是受我們自己對他人自私態度的約束。因此，當我們不斷追尋真理的時候，我們越來越清楚地知道，在任何情況下，在處理和他人關係的問題上，我們都要遵循一定的原則。而且我們知道，無論怎樣都不能由於自己的不安而責備他人。換句話說，真正的心情平和僅僅在於我們自己。在這種情況下，沒有什麼「如果」、「但是」或「並且」的；在任何情況下都是這樣。

沒有耐心是穩定的友誼中一塊讓人痛苦的絆腳石。如果我們願意等待我們的朋友成長，如果我們不總是期待他做到最好，如果我們不驚訝於各式各樣的自私形式——或大或小——，而是耐心地等他發現自己的阻礙的話，這會使我們不斷接近他的良好品質，等他克服自己的缺點。同時這也是一個令人高興的事實，我們從厭惡與討厭中解脫出來，可以讓我們更接近朋友的好品質。同時呢，也會以某種方式喚醒對他來說像魔法一樣，自己不能察覺的缺點。

世界上最美好的事物之一，是當我們沒想過會影響他人而對他人造成的影響。

有兩個人，看起來是非常要好的朋友，卻發生了爭吵。兩個人都非常不高興，分別向第三個朋友講述了他們之間吵架的事。第三個人認真地傾聽他們所說的話，然後給出了深思熟慮的答案。他幾乎沒說什麼話，但還是指出了每一個人的毛病。幸運的是，這兩個人都聽從了他的話。每一個人都清楚地意識到並承認了自己的錯誤，結果是兩個人的友誼維持了下去，再沒有發生類似的情況。我們清楚了阻止友誼之樹成長的阻礙，兩個好朋友也更理解對方以及他們周圍的人。每一個人都抓住了他們仁愛、聰明的朋友教授他們的精髓。像這樣抓住的精髓，是永遠都不會忘記的，由於看見它產生作用了，我們感受到的自由會更加激勵一個人去遵循這個原則。如果沒辦法很好地應用這個真理，將會是平和的友誼一個最大的——有人可能會說是唯一的——阻礙。

所有真正友誼的原理，在婚姻中表現得最為明顯，如果一開始就遵循從自身找毛病的原則，我們會深深地感受到婚姻的美好與力量，也會有越來越多的人感受到。

第十二章

社會生活的平和

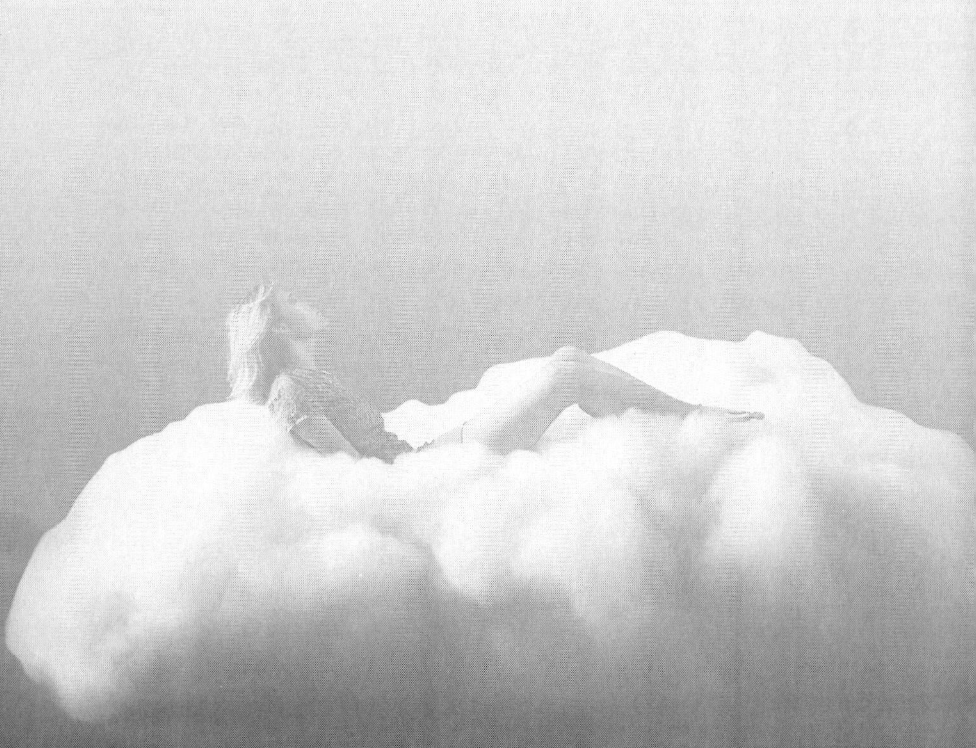

第十二章　社會生活的平和

一位來自東部的印度人偶然之下，參加了一個在紐約舉辦的晚宴，他的第一印象應該是大家都會有的局促不安吧。據我所知，「普遍的不安」是一個眾所周知的術語，特別適用於女人的午宴上。女人已經習慣參加任何的社交場合，她們會非常興奮，從宴會開始到宴會結束，都會非常興奮，有時還會越來越興奮，離開時也一樣興奮。

但是當我寫關於出席更正式社交場合的男士與女士「普遍的不安」的印象時，我會謹慎地使用這一術語，因為我在想對這個習慣安靜的印度人會留下什麼樣的印象。我也能想像得出來，我們西方人習慣的噪音——噪音是聽得見的，也是聽不見的，如果我可以使用這個用法的話——對我們來說，看起來平靜、安靜的東西，對印度人來說好像充滿了不必要的干擾。

我們得知在社交晚宴上，在印度的一些地區，沉默並不被認為是不好的形式；實際情況是恰恰相反。如果男主人和女主人認為沒什麼特別要說的，他們就不說，並且沉默既不是令人尷尬的靜寂，也不是沒有人在思考準備開話題；而是大家都在思考，準備拋出話題，大家都非常自在，沒有人被迫說話，除非是他自己想說。

把這個習慣和在我們自己的晚宴上、認為說話非常必要對比一下，我們要在餐桌旁不斷地說話，可以看到男主人和女主人的痛苦及客人的不安。要是在盛大的晚宴上有一分鐘的寂靜那該有多好啊！在這樣的場合，五分鐘的沉寂會被認為是不正常的。

我記得在一次晚宴上，一位著名的科學家，他的頭腦裡充滿了許多有趣的、可以談論的話題，但是大家都可以看出他是事先準備好的，按照順序一個接著一個，為的就是讓話題像滾雪球一樣繼續下去。這個人沒有能力掩藏他所有的事先準備，儘管我懷疑是否其他人注意到他在間歇性的介紹話題。首先，因為他是世人眼中的大人物，周圍的人覺得能坐在他旁邊是非常榮耀的一件事；第二，但其他人並不是那麼不重要，因為每一位客人都在忙於做特殊的自己，透過談話向在座的嘉賓展示自己傑出的才華。因為他們在做相同的事情，只是與這位大人物相比，他們是更好的演員，能更聰明地掩飾一切而已。實際上，可能是由於這位大人物的聲望，所以他才不能更好地掩飾自己，畢竟，如果他只顧著吃飯，什麼都不說的話，除非在他身上發生了什麼特殊的事情，否則根據他自己國家的習俗，他會被認為是沒禮貌、沒教養的。

實際上，在所有的社交場合，西方人喜歡說話完全是國家的風俗，我們也都沉浸在不正常的習俗裡，我很懷疑我的許多讀者是否會真的欣賞我批評的公正性，除非他們願意長時間去觀察，獲得真實的感受，那時我會毫無疑問地認為他們完全同意我的觀點。

想想兩個晚宴的不同吧，一個是在場的客人必須一直講話，另一個是時而的沉默是一種風俗，每一個人在沉默中思考，在接下來的場合中可能表達出來，也可能不表達出來。沒有保持沉默的人們不能理解，無論是和那些沉默的人交流，還是和那些說話的人交流，了解的事物一樣多，一樣的令人愉悅。實際上，有時互相保持沉默比交談更真實，因為人們可以用說話來掩藏他們對他人的敵意，但是沉默就不一樣了，它是活生生的、平和的，總是存在於朋友之間，至少是不能惹對方生氣的熟人之間。

沉默有時是不和諧思維狀態的一個可怕的揭發者。這可能是在社交圈裡害怕沉默的原因之一。可能我們每一個人是真的沉浸在自己的生活裡，不在意別人的生活。我們害怕寂靜是為了避免陷入不斷地擔心自己和自己幸福的漩渦裡，我們也發現為了保持最起碼表面上是關心他人的，繼續說下去十分必要。

一個人很難想像比群體裡的每一位成員都只想自己完全想自己更寂靜的沉默了。對於每一個只關心自己的人來說，即使是表面上的思想交流也沒有。因此，在這樣的人之間，交流趨向真空狀態。無論是思維方面還是物質方面，大自然都討厭真空狀態。想到物質真空到這種狀態，也是很令人驚訝的。邪惡的東西會以這樣或那樣的形式填充這個空間；以自我為中心會把美好的事物趕出去，邪惡的東西總是會立刻抓住機會，迅速填補美好事物被排除在外的領域。

很容易看出來，在沉默中積極的互動生活，比在談話中表面上的積極互動生活更難實現。因此，我們也懶得去爭取沉默。當然一大群人的時候不可能有真正的安靜、真正的平和，除非沉默不僅是可能的，也是令人舒服的；不僅是令人舒服的，也是令人愉悅的。沉默的性質是不一樣的，談話的性質也是不一樣的。實際上，沉默的性質應該是有效力的，比談話更重要。

當碰面的許多人都希望得到可能獲得的沉默時，不必在意什麼時候應該保持沉默，什麼時候應該開始話題。如果我們習慣了說話與沉默之間的平衡，兩者會自行分配額分，我們不用刻意分配他們的比例。大自然崇尚的是身心健康，一旦找到了開啟平和心態這扇大門的鑰匙，我們會很驚訝地看到世界是如此和諧。

問題是我們所謂的許多文明習俗，特別是社會習俗是如此地不正常，以至於正常的標準是很低的。我們必須清醒過來，提高我們的標準。沒人能以很低的思想水準獲得更好的事物。在這個國家裡，首先要提高的就是安靜的標準。只有在真正的安靜中，我們才能獲得真正的觀察力。對於安靜的標準這個問題，許多人認為安靜是死亡一般的寂靜，沒有任何新意。想想地球圍繞太陽公轉、地球自轉吧。你看過太陽和月亮升起，感覺到它們的安靜了嗎？再想想植物、大樹及森林的生長吧。人類世界活動能控制物質世界的正常運轉嗎？區別在於，人類有選擇的優先權，然而物質世界必須按照上帝創造它的模式運轉。當人類選擇了自私的方式，就會製造噪音；當它選擇遵守秩序，即使不安靜，也不會製造噪音。當它安靜的時候，寂靜也充滿活力，這個力量是由同樣安靜的造物者給予的，是他讓所有的事物正常運作。讓我們好好想想那個時刻吧，它幫助我們朝真實的標準又邁進一步。

讓我們假設在晚宴上，談話和沉默的尺度掌握很好的話，晚宴結束後，在座的每一個人都會精力充沛，和坐下之前比，對生活都更感興趣了，也能為明天的工作做更好的準備。沒有人能如此成功舉辦這樣的一場晚宴。讓更多的人欣賞這樣的晚宴、覺得晚宴有趣、令人愉悅也許是不可能的。那麼應該怎樣做呢？要做關於在社交場合中非正常性的講座，並附帶可能正常性的逼真圖片。正常性是什麼，該如何獲得它呢？沒有很多方法能導致這樣的改革，實際上，需不需要改變也是值得懷疑的。為了準備播種我們必須犁地，但是改變並不是在犁地的過程中，而是在播種生根後，種子發芽的過程中。犁地只是對改變的一種刺激鼓勵，儘管改變並不總是有利的。藉由每一個獨立個體的積極努力，真正的工作可以被完成，就像自然萬物一樣，靜靜地茁壯成長。和一個人開始的想像相比，沉默與談話之間的平衡占更大的一部分。關於更好更清楚的社會標準問題，可以沒有一般的耕作，也就是說不用做什麼事先準備。雖然可能很極端，但也可以說，目前這個國家沒有足夠的社會名流對普遍呼籲的問題做出反應，有時看起來確實是這樣。無論如何，現在能導致唯一、真正的改變，就是透過個人努力。

「什麼，」你會說，「一個人怎麼能讓整個晚宴安靜下來呢？」當然任何一個女人都不能緩和下午茶的嘈雜氣氛，絕對不能；沒有任何一個人能讓整個晚宴立刻安靜下來。我想有禮貌地多說一句，對於這樣的一個改變，也不是一個人的事情。如果更正常的社會生活狀態吸引每一個人的話，讓他從改變自己開始吧。這樣做不只是為了自身的舒適與思想的安靜。儘管藉由更正常的習慣，兩者都會被提高，然而因為變化本身是值得的，也因為如果任何一件事，真的能讓他人看清事物，讓他們更加接近真正的平和與開闊的視野，不用多費唇舌，結果自然明瞭的工作會證明這一點。當我們自身做一些工作，感受並展示真實的結果，是不可能偽裝的。如果我們能持之以恆，像這樣的生活會把我們從虛偽中解脫出來。

這個世界的問題就在於一個人看見一個事物是美好的，他不去努力證實它，而認為應該用言語勸說他的同伴。我們有一個這樣的傾向，當我們看見美好的事物時，我們知道它是美好的，以我們的理解力和智力來說，是值得我們羨慕的。如果我們生活的世界有更多這樣的傾向，這將是一個多麼幸福的世界啊。

關於社會平衡的問題，如果有人想要改善它，要先下定決心學做一名忠實的聽眾。假設一個人正在和我們說話，即使他說的都是廢話，他的感知能力也能讓他或多或少感受到他正在被傾聽。有時這樣的注意力讓他對自己在說廢話的事實非常敏感，如果中間停頓時，他能收到明智的回應的話，他會冷靜下來，在毫不察覺的情況下被引到談論常識的話題當中。當一個人學會了傾聽，會發現他聽到了多少值得聽的東西，這是非常有趣的。如果他根本沒想過傾聽，他會錯過所有值得聽的內容。如果一個人在不停地說，另一個人在真誠地傾聽，沒有任何想在說話間歇時說出他自己的想法衝動，第一個人說完之後是思考的沉默。因為一個人在給予，另一個人在接受，互相交流正在繼續。不僅如此，而且當另一個人說話時，有禮貌地傾聽對方的想法，毫無牴觸情緒的傾聽所帶來的自然平靜，更能引起對方的注意。

真誠的傾聽之後，我們會養成毫不費力地經過認真思考後，才回復對方的習慣。為表現出對說話者的尊重，恭敬的傾聽及經過考慮的回覆有助於沉默與說話之間的平衡。無論談論的是小事還是值得一提的大事，人們都會感覺輕鬆自在。

關於傾聽和回應，唯一可能的改變必須來自沉默和個體的不斷努力。正常的力量比不正常的力量大得多，以至於幾個認真的、明智的人就能擁有一大群人的驚人力量，有時甚至他們自己都不知道這種力量的存在。

從廣義來說，傾聽就是把我們的全部注意力放在某人或某物上，當機會來臨時，如果把全部注意力放在大自然和我們周圍的人身上，同時，自動自發地把我們看作是真實的自我，我們會發現能把自己的聰明注意力放在精神原則與身體原則上，放在我們應該盡可能遵循的這些原則上。

我認識一個事業成功的乾貨批發商，他的賺錢天賦遠高於他的其他天賦。他公司的成功不像我們所常見的，靠有序的步驟而高速發展起來的；公司發展之初，他只有行政權和隨之而來的賺錢欲望。他的公司很龐大，有著很多的員工，工作在一個混亂的狀態之中，這導致了公司處於不安的狀態。

這個人開始意識到混亂不安，找了一個專家來幫助他整理帳目，這樣他就有了一個非常詳細的財務管理系統。在他的領導下，無論什麼樣的工作都可以具體到人、地方（具體到地點）和時間（具體到分鐘）。他聽過「光滑桌面」公司工作模式——大公司在一個極度完美的模式下工作，當會見客戶時，坐在空無一物的辦公桌後，不讓客戶的眼睛受到打擾。他創建了自己的「光滑桌面」模式，哪怕是桌上的一瓶墨水，也要把它拿開，使客戶不被干擾。

他的這種管理及人事制度，幾乎給他帶來了災難性的後果，辦公室也不再像以前那樣安靜了，有敏銳觀察力的人都能夠看出，他是一個巨大的賺錢機器，不定期地吐出一大堆僅僅發出框啷聲的硬幣。

一個規模龐大、有組織的公司，是一個美好的事物，它有規律和規則，是隨性的。但從這個男人的工作上，我們看不出美好的事物，因為這裡沒有真正的秩序，這裡根本就沒有安靜可言。為什麼這麼說呢？因為這個人盡其所能地做著表面工作，讓辦公室內的其他人保持有序及安靜，而自己卻我行我素。他進出門的時候，在自己的辦公室內都會發出噪音，有時甚至發出比噪音更狂熱的聲音。

像一個秩序井然的辦公室一樣，保持有序及安靜是不可能的，而且這種由老闆帶來的影響是不易消除的。他日復一日地忽視事實，任性地無為管理，實際上，不僅害了自己，也害了他的同事。

如果有一天，辦公室真的安靜了，也是來自老闆本身平和的心態。當他真正擁有平和的心態時，他的商業指令也就變得平和了。這就像雜訊停止了，某個服從法律規則的建議就會被聽見，這是多麼美好的一件事情啊！

現在，假設公司裡的某個員工對這種讓他感到疑惑的噪音印象深刻，他自己無權提出疑問——這個員工不想對噪音問題提出看法，儘管他從好壞多個方面聽過關於這種噪音愉快或不愉快的評論，但談論這種噪音仍會被看作是一種不忠實的表現。假設這個員工為保護自己不受這種噪音的困擾，而保持沉默——不是反抗或回應這種噪音，而是意志堅定地做事，首先是一天中的每一分鐘，然後是每一個小時，最後，他會因習慣於平靜，而使自己的大腦專心思考，這樣不但可以使他習慣排除噪音的干擾，還會讓他更好更聰明地去完成他的本職工作。什麼樣的做法會更好地讓辦公室安靜下來？如果一個吵鬧的員工注意到了身邊安靜的同事，他會設法讓自己安靜下來。比起撞擊聲和吵雜的噪音，人的注意力更易被安靜的振動所吸引；但是當被撞擊聲和吵雜的噪音所包圍時，安靜的振動是不易被注意的。

一個在嘈雜辦公環境中的朋友，即使他做的僅是讓另外一個人不像以前那樣吵了，但是，他最終做到的其實是不僅僅保護了他自己，可能暫時只會影響一個同事，但過不了多久就一個影響一個，被影響的人多了起來。即使只是來自於一個不起眼職員的努力，辦公室也會慢慢變得安靜下來。除非這種建議有機會傳到總經理的辦公室去，否則這個過程可能會需要更長的時間。

如果一個人沉浸在自己製造的噪音中太久了，他就不能明白，只有從自身做起，才能改變周圍混亂的狀態。他可能不會在意一個員工的安靜，或者兩個、三個，甚至更多。無論如何，對於一個員工來說，發現安靜帶來的好處，並保持安靜是值得的，因為這樣做的話，不僅能把工作做得更好，還能把自己從在腦海中與周圍嘈雜聲音抗爭的壓力中解脫出來。假設有人向他尋求幫助的話，還能讓他覺得自己在工作中是有用的。

你可以看得出來，對這個生活在噪音中的商人來說，所有的錯誤他都認為是對的，這是他的標準，所以對於人來說，看起來改正錯誤似乎非常困難，他們必須改變他們全部的標準，以更高的標準開始工作。看起來似乎沒有比這個商人更好的例子了，為了使公司有安靜、體面的氛圍，他管理他的公司，沒花費任何力氣和金錢；為了讓自己成為安靜、體面的紳士，他也沒為自己遵循更高的標準做過任何努力。有人可能會認為這個例子很極端，覺得非常怪異，看起來都不像真的了。這就是每天我們看到的各式各樣的人。無論是工作方面還是生活方面，人們都在竭盡全力改變他們的生活，特別在意他們周圍人事物的改變，但從沒想過應該從改變自己開始。

比這更普遍的就是抱怨：要不是這樣或那樣的話，我的工作會很輕鬆愉快。有時，人們只能在自身發現一個可能的錯誤——僅僅是可能而已，然後立刻將其忽略，在認為干擾了他們的人身上找毛病。

平靜對於每個人來說都是可能的。真正的平靜總會為我們帶來空間。它是避難所，是堡壘，任何不和諧的東西都無法入侵。想要收穫它，你必須努力工作，為了獲得平靜而做出的努力是會令人精力充沛的，可以提高人的精神及道德修養，也促進了全身的血液循環。

無論從事什麼樣的工作，無論是專職人員、商人或是家庭主婦，如果像歡迎機遇一樣歡迎困難，不允許自己對周圍的環境或人有牴觸情緒，工作就會朝著去除所有障礙的方向發展。

想想勞倫斯弟兄，他是在廚房裡刷洗鍋碗瓢盆的，他總是在裝滿葡萄酒的大桶旁、高興且安靜地工作著，因為他覺得工作時上帝在看著他。然而勞倫斯弟兄從沒有看見上帝現身，除非他清除了阻止上帝出現的所有阻礙，這種場景肯定會經常出現在他的腦海中。當然，勞倫斯弟兄也想從單調乏味的工作中擺脫出來，肯定希望他周圍的人更像基督教徒，也會被他人的粗魯或其他的自私形式所激怒。勞倫斯弟兄從來就沒有滿足於虛偽的和平，或是把他誤認為是真的，如果是那樣的話，他只能透過去除自身的阻礙，來找到真正的平和。無論我們說上帝的平和，還是自然法則的平和，都是一樣的。只有全能的主能賜予我們平靜，否則就沒有平靜而言。

「但是，」有人說，「獲得平靜是很好的，然而當我們意在得到它時，難道就沒有當我們回到了工作中，卻沒有做好本職工作的可能嗎？」一個人必須養活自己，支撐一個家庭，必須賺錢。我們不能感性，要理智；不能光講大道理，還需要實際行動。

我對這個問題的答覆是關於平靜，沒有感性或是理論化；它是一個事實，簡單、實際、日常的事實。除非習以為常的標準太低了，我們身為一個民族，早就應該抓住這個事實並實踐它了；早就應該為更高的標準做準備了，這個標準可能是比我們能接受的更高的標準，甚至是我們現在想都不敢想的標準。正如目前的現實一樣，一切必須要慢慢來，可能是因為我們沒有能力抓住或正確利用我們擁有的力量吧；也可能是因為我們沒能更快地抓住和使用擺在我們面前更高的標準吧。

關於安靜的必要性，舉簡單的射擊為例。有點常識的人都不會認為隨手一擊就能擊中靶心，除非是純屬偶然的。射擊者應該平穩地舉起槍，瞄準靶心，這難道不是理所當然的事嗎？沒有人會懷疑這一點。在工作中，有一百個、一千個、一萬個比瞄準靶心射擊更需要有步驟的地方。在開始一項工作任務之前，沒有一個地方的人們會想到應該手擺正，眼睛看準靶心，做好準備再開始工作。

很會工作的男人應該是每天開始工作之前，把手擺正、確定目標，做好準備再開始工作。女人也是一樣，無論她是在外工作還是在家照顧丈夫跟孩子。

如果沒有平和的心態，我們怎麼能有平穩的手與直指的目標呢？這是不可能的。不僅如此，而且我們的內心越平靜——不是毫無生機的平靜，而是充滿活力的平靜——我們的手就會端得更穩，準確擊中我們的目標。

如果我們的眼睛在看著其他人的不正當行為，總是被周圍人的習慣惹怒的話，怎麼能有平穩的手或直指的目標呢？我們和每一個讓我們生氣的男人、女人、小孩相關聯。如果我們準備安靜工作的話，就必須擺脫和他們的關聯。所有的工作必須被安靜地完成，能做到多好就做到多好。我完成最好的工作，有時是依賴他人完成的，因為他和我是做同一項工作。對於自己獨立完成的工作，我非常認真，我絕不依賴任何人或周圍的環境。我是自由的、獨立的。如果由於自己的錯誤而責備他人，因為自己對工作不健康的思想狀態而妨礙工作的話，我會很困惑，也會嚴重地妨礙自身潛力的開發及最好地使用它。

人真正獨立的能力是真實存在的，這是一個公開的祕密，只不過它看起來就是個祕密。因為我發現了解它的人微乎其微，理解它的人就更不用提了。問題是人們完全過著錯誤依靠他人的生活，以至於根本不能識別這個錯誤。對於大多數人來說，這是正常的生活方式，或者是這種不正常已經被人們習以為常了。當我們使用這個特權的時候，這種識別錯誤的權力，或爭取真正獨立的權力，是我們能深深感受到的價值之一。我們需要很長時間來證實它，並且只有在使用它時，才會帶來更多的益處；無論是對個人，還是對全世界而言，都是如此。

第十三章　宗教的平和

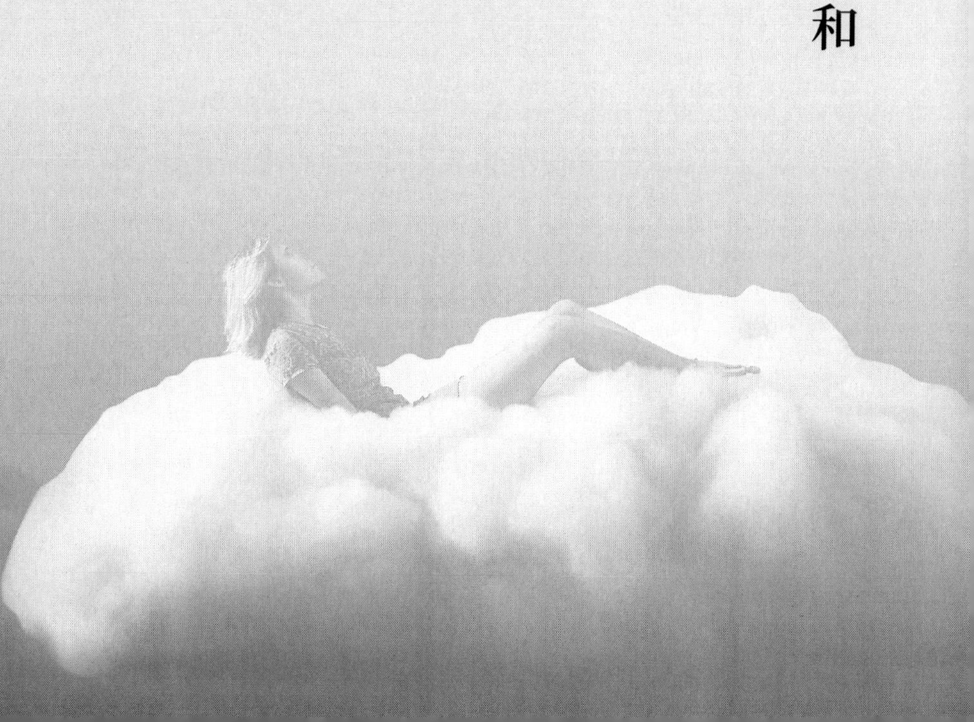

當一個人想到宗教的平和時，人們很自然地會先想到所謂的宗教領袖——牧師。有許多牧師還在區分虛偽的平和與真正的平和，甚至他們自己也沒有達到真正的平和。我確信有許多人的內心是虛偽的平和，也有許多人沒有清醒地意識到這一點。有人可能會說他們甚至連虛偽的平和也沒有，因為有時它會欺騙它的主人，讓他以為是真的。牧師們有厚厚的偽裝，欺騙了大多數的會眾，而他們自己的內心卻是情緒激動的。

舉個例子吧。我認識一個牧師——我擔心他只是許多類型當中的一種——他的行為實際上會讓他的妻子反對宗教。週日他做完美的、令人信服的傳道，耳邊充滿要求更高生活標準的呼聲。他會激發大多數教堂會眾的熱情敬仰，使他們下定決心去做牧師要求他們做的事。回到家裡，從週一到週五，他都很粗魯、自我放縱、很容易發脾氣，最終把家變成妻子和孩子不喜歡的地方。

他的妻子對他太忠誠了，不會做任何事或說任何話來揭發他的真實面目，我想說的是，她忠誠得過度了。首先應該是對事實的忠誠，其次才是對人的忠誠。我們總是對一個行為準則有不變的忠誠，而實際上，我們更忠誠於人，更願意為他們服務。

這位妻子沒有必要四處宣揚她丈夫的不完美行為，她甚至都不願意注意到這些行為。人們參照他完美的說教做人。從他的說教中，會眾可以推斷出他一定是一個傑出人物，對會眾的推論她不會否認，根本不必回答「是，是的。」當他們向她談起他們的嫉妒心，嫉妒她能有幸和這樣的人組成家庭時，她微笑著點點頭，展示出表面的高興。

一位偉大的哲學家曾經說過：「所有的宗教都和生活息息相關。宗教的生活就是做善事。」如果這句話被真正意識到、真正注意到的話，那才是真正的宗教生活。然而，許多這樣的宗教現在已經不復存在了。現在只有膚淺的情感所帶來的虛偽宗教生活。另一位偉人說過，「並不是每一個人都對我說，主啊，我親愛的主啊，讓我進入天堂吧；但是他做了天堂裡神聖的主讓他做的事。」他說的意思是，這才是生活中的真理。

讓我跟你講個故事吧，有一個人在做一份很有意義的工作。但他太注意工作中的每一個細節，以至於後來引起了同事們無止盡的不滿，最終耽誤了工作的進展。如果有任何人反對他的見解，或無心冒犯了他的個人喜好，他肯定會對那個人大吼大叫，讓別人覺得他不被別人喜歡是有可能的。

我寫的這個人在宗教界裡是很有聲望的。那些沒有立刻反對他狹隘思想和邋遢習慣的人認為，他是非同尋常的好人。由於這種想法，有一段時間也認為他工作做得不錯。有一天，他的一個同事對另一個同事說起這件事，並真誠地表達自己的疑惑，看起來很奇怪，他的宗教信仰並沒有幫他更好地完成工作。

「如果我問他的話，他會說什麼？」有疑問的這個人說，他被他的朋友立刻答覆，「如果你向任何一個自稱是基督教徒的人建議，他們信仰的原則應該讓一個人更好的工作，他們會立刻生氣。」他們認為宗教和生活無關。對他們來說，日常生活是一回事，宗教信仰完全是另外一回事。如果他們按時參加聖禮或神聖的禮拜，如果他們支持教堂的任何慈善活動或在適當的時候說教傳道，他們就會認為自己是好「基督教徒」。所有的宗教信仰都與生活息息相關，但對於他們來說，這是完全陌生的理念。

當一個人認真思考、仔細觀察這個問題時，會認為存在於「基督教徒」之中的這種狀態看起來是瘋狂的，這當然不是精神的正常狀態。

虛偽的平和是平和的情感，它與平和本身毫無關係。情感的平和，也不會以所謂各式各樣的宗教形式存在。人有時會被平和的情感緊緊抓住，即使最不喜歡它的那些人，也會被欺騙一段時間。

我還記得有一次去別人家裡做客，他家裡的宗教氣氛是如此地濃厚，以至於我有時都認為是真的。我也感覺到了平靜的快樂，認為它是來自真實的生活。可是沒過多久，我就開始醒悟了，感受到了他的不虔誠。人們所信奉的宗教獻身被高度讚揚，但他們有時卻蔑視這種宗教獻身的精神。當我有禮貌地提出我的疑問時，他們笑著回答：「那樣做並不代表什麼。」我自言自語道：「我知道對你們來說，宗教也不代表什麼。」

接下來，對另一個人的反感與對自己的溺愛變得明顯。我不知道在基督山上的寶訓中有任何一個「和平的」家庭可以不遵守的原則；然而「和平」還在繼續。說的做的都被虛偽的平和過濾了，有時還被他人吹捧。生活在這樣的家庭中，把虛偽的平和找出來，為實現真正的平和而做出的努力是很值得做的一件事。

我記得曾經和一個獻身宗教的年輕女士住在一個房子裡。我注意到這位年輕女人面帶平和的表情，也注意到她勢利的言語及做事方法，對她周圍的人鐵石心腸。她的房間掛滿了好看的宗教圖片，在她的床邊還有禱告臺。當我早上醒來，看著四周，我在想：「這是她的娛樂，是她的愛好。」這麼說好像是一種褻瀆，但我必須說，因為事實就是如此。

「我把平靜留給你，我給你我的平和。讓你的心不受干擾，也不會害怕。」

說這句話的人知道沒有平靜，只有宗教平靜，宗教平靜只來自於像主一樣的平凡生活，讓他的精神指引我們。在生活中，其實沒有什麼困境是不能在耶穌的生活中找到同樣經歷的，也沒有什麼困難是不能被耶穌所指引的。那個神聖人物的實踐美，看起來好像沒怎麼被人們所理解。

這是顯而易見的，我們能被耶穌精神所指引的唯一方法，就是我們意識到自己內心的阻礙，並拒絕自私的做法、言語或想法。這時，我們會更自由地讓主引導我們、帶領我們前進；我們學會了遵守和信任。

如果壞脾氣的牧師肯承認他的壞脾氣，也後悔他的自私自利，那他就不會是個偽君子。如果他那些盲目崇拜宗教的信徒能看到自身的虛偽行為，並拒絕繼續這樣做，教堂對他們來說，才會是真正平靜的地方，他們也會更加接近平和。或者，我可以這麼說，他們將驅除阻礙，平和也會自然而然地找上他們。

我們所有人都是這樣，宗教的平靜與生活平和是一體的。當我們被違背我們意願的一個人，或是一件事破壞了宗教平靜時，我們可以肯定，這裡沒有平和可言。帶著勇於承認錯誤與清除阻礙的心態去工作的人是快樂的；活潑、仁愛、創造性的平和肯定會來到你身邊的。

第十四章　自身的平和

自身的平和——有著堅實基礎的平靜，形成很強大的背景，安靜且堅定地隱藏在表面的痛苦之下——很難被發現。有多少次我們看到痛苦的男人和女人，他們非常痛苦，他們真的想做正確的事情。某個令人失望的、自己沒有意識到的自私形式，使他們生活在不安的痛苦中。假設可以藉由努力找到痛苦的真正原因，他們也寧願承受痛苦而不願承認錯誤，或者看起來似乎是這樣。

我曾經看過一個因為嫉妒而語無倫次的女人，她不停地說錯話。剛開始，她稱之為氣憤，當她因為工作而需要休息時間時，她的朋友可能會被其他人打擾到。然後呢，她的朋友沒看到她身上的自私自利是多麼可怕。她就這樣繼續下去，從一個原因到另一個原因，就是找不到真正的原因。終於有一天，她的朋友小心地暗示她「這是嫉妒」，一大堆憤怒的否認都針對她朋友而來，這是不容易被她的朋友所接受的。

與從地上撿起石頭打傷身體相比，和堅硬岩石一般的自私話語，有時帶給人們精神上的傷害更大。看見這種令人恐懼、所謂「愛」的冷酷無情，著實令人驚訝。

可以用一個測試來證實自身虛偽和真正的平靜。假設你感到幸福與平靜，然後盼望以久事情出乎意料地發生了，觀察你自己。如果你的整個心情立即就改變了，並且你不能恢復到平靜的狀態，這就證明你的平靜是虛偽的，希望你會改正它。如果你在煩躁不安的狀態下去尋找原因，並且想堅持這樣或那樣的原因，當你承認它時，卻沒有一種原因讓你減輕痛苦，便可以確定它不是你要找的原因。

讓我告訴你這是真的。我知道這是真的，因為我看到它已被證實多次。如果我們感到不安或不高興，並從自身找到了真正的原因，堅持拒絕因為這個原因去做、去說、去想的話，平和就會來到我們身邊。

再說說那個嫉妒心很強的女人吧——如果她已經轉變並且看清了嫉妒的本質，看清了它的醜惡，並且下定決心不再抱有任何嫉妒心理去做、去說、去想的話，她將變成平靜、高興的女人，而不是頭腦混亂的人，或處於不斷煩躁狀態下的女人。我不是在說要消除嫉妒心理很容易做到。直到她明白嫉妒是什麼，她才能開始擺脫由嫉妒帶來的干擾。她可能已經著手去善待別人了。她可能已經開始為別人服務，由於疲勞過度而病倒了。她可能想做一百件好事並且已經做完了。直到她正視她的嫉妒心，並且拒絕被它所控制，她才能獲得真正的平靜。

有時我認為，困擾我們的罪過有著足夠的自知之明，它們藏在幕後不敢出來，為的就是讓我們不能認出來，因為一旦被它們所困擾的靈魂真正識破，它們就不得不消失了。相反地，它們膽子非常大，因為它們知道所困擾的靈魂從不願意去面對它們，所以它們會盡可能地利用他，並讓他一直不安和不高興，總是利用他的自私心理讓他遠離真相。

我曾看到人們因為這樣或那樣的原因而興奮，或是由於憤慨而苦惱，正如他們所說，真的是他們的驕傲與自負將他們撕成碎片。如果有人能為了他們的自由去幫助他們看清自傲，讓他們勇於承認它，有時就像刺破氣泡一樣，會立刻幫他們找到痛苦的根源，為真正平靜的到來敞開大門。

驕傲、自負、嫉妒、神經質、蔑視——它們是一些讓我們陷入不安與痛苦折磨的朋友。看見一個習慣頤指氣使的人因為另一個人的蔑視而生氣，這是很奇怪的。有多少次我們看見人們由於某個錯誤和他人生氣，諷刺的是我們自身也有同樣的錯誤。如果你在任何時候向他們說明，他們責難他人的自私自利，在他們自己身上展現得更明顯時，他們會很驚訝，有時也只是有一點驚訝而已。

這是我們自身的錯誤，我們既不面對也不避免，這樣的做法使我們遠離平靜。

一個女人建議與她同住的一個朋友，如果她能按時用餐，會讓她的生活更規律、更平靜。

「怎麼這麼說呢，」她回答，「我很少遲到，無論現在還是小時候，動作都很迅速。」事實證明，她是這個房子裡最慢的人，但她仍然矢口否認；並且當被告知如果能面對並承認這個事實，她將從壓力中解脫出來時，她問道：「如果我遲到一兩次，你要我做什麼——譴責我自己嗎？」事實顯而易見地強壓在她身上，儘管她對這個事實有牴觸情緒。她接著補充說道：「如果我遲到七次或八次，你讓我譴責我自己嗎？」回答是：「不，不要譴責你自己，譴責錯誤，拒絕放縱它。」

什麼能帶來平和？當我們以真實的形式面對自我的自私時，我們要承認它，悔過，拒絕依照它去說、做、想。我說「以它真實的形式」是因為，人們看起來是如此地不喜歡了解自己，以至於他們不會為承認一個錯誤而獲得榮譽，不斷把它稱作另一個名字，而不是真正面對它。在小的地方，他們會說，「我這裡錯了」，或者說「我那裡錯了」，一點都沒有面對自己接二連三的過錯。

如果我們曾經呼吸過一點點新鮮空氣的話，這種清新的空氣來自於真誠的承認錯誤與悔過。每一個人不僅都直接面對自私對他的誘惑，給每一個錯誤真正的名字，而且為了完全清除它，一點也不受它的影響，每一個人都會很感興趣和焦急地叫它最嚴厲的名字。

我上文提及的這位婦女，是不快樂、煩躁與不安的，她遺傳了自私和自負。她總是為她的不高興找藉口，要麼是其他人或環境，要麼是她的健康。當我們想幫助她時，她被建議如果能找到問題的真正原因，並正視它們，她會開始變得快樂起來。她驚呼：「承認？承認？我不懂，我不知道要承認什麼事。」所以她繼續煩躁、氣憤，讓自己變得很可憐。我知道這是一個極端的例子，但是，它卻是很常見的；實際上就我的觀察而言，這是再平常不過的了。我自己也好多次陷入過相同的境界，當我在其他人身上看到這一點時，我不相信看到的是真的。

我的一個朋友，他有一個讓人不喜歡並且很難相處的鄰居，他一度害怕在走廊遇見這個人。當這個人離開家時，我的朋友很害怕他回來，直到有一天朋友發現，不是別人——正是他自己，讓他感到恐懼！是他頭腦裡的想法讓他痛苦，根本不是別人。這是一種釋放——立刻使他解脫，因為他能改變自己的想法，卻不能改變他人的想法。

我知道，讓大多數人相信這個事實是多麼困難。你會說，「什麼！就因為這樣那樣是卑劣的、刻薄的、粗魯的，不斷為我和其他人製造困難，是我在承受痛苦，應該責備的是我嗎？」只要你的痛苦是自私的怨恨或牴觸，你就應該被責備。當我們對其他人充滿了真摯的感情時，我們也會悲傷——這不是過錯。但是太多次，我們自認為痛苦不是為了我們自私的自身。過不了多久，我們對受傷的感情帶來的痛苦越來越敏感，這種痛苦來自於從自私的牴觸到由他人帶來的不便，這樣的話，自私的痛苦才會被及早發現。

我認識一個女人，她被一個朋友極不公平地對待。她是一個好人，或者想做一個好人。她拒絕被怨恨所影響。她對朋友十分善良，但她很疑惑，當真正面對她怨恨和牴觸的每一件事時，為什麼會感到不安呢？她把這件事告訴另一個朋友，那個人漫不經心地回答說：「你不願意被她教育。」轉眼間，這個女人怒火中燒，就像隻老虎，「我被她教育？被她教育？被那個對我說謊、在別人眼中是盡其所能地傷害我的人教育？」

沒有人比這個女人更驚訝於自己如此強烈的怒火。當她平靜到可以去思考時，她明白了事實的真相。因為她自己這樣假設，對朋友的寬容心，使她感到自己是「好」和優秀的人，但這是建立在虛偽的基礎上的，這種建立在自負及高傲意識上的虛偽是如此地惡毒，這才是事實。沒有謙卑在裡面，也沒有美德，無論這看起來有多好，除非有謙卑，否則真的什麼都不是。

我們能讓自己的眼睛看得見嗎？能讓自己的耳朵聽得到嗎？能讓我們的食物消化嗎？不，不，不，我們不能。我們只有滿足條件才能讓自己的眼睛看見、讓耳朵聽見、讓食物消化。果真如此的話，在我們自身的精神理解力方面，我們同樣是無助的。如果我們只能滿足條件，並且條件也發揮作用了，我們也不能因為我們真的滿足了條件，所以就因為上帝賜予我們力量而讚美自己；我們也同樣不能因為我們依照上帝賜予我們的力量去行事而讚美自己。

謙卑帶給我們巨大的、越來越多的能力，因為它只在我們自己領悟時，才會來到我們身邊。我們只能透過真正面對存在我們身上各式各樣的自私形式，才能獲得領悟，拒絕繼續像以前一樣的去說、去做、去想。然後謙卑和平靜就會到來。這不是我們的平靜，是事物本身的平靜，我們可以慢慢接近它。

當我們的主說：「我把平和留給你，我給你我的平和。並不像世界給你的一樣，我給你的是讓你的心不被打擾，也不讓它害怕，」他是這樣說的，也是這樣做的。這是事實，讓我們自由的事實。

有一位非常有名氣的德國醫生，因為他有一種探查方法可以在患者的意識或潛意識中尋找疾病的癥結，讓他們承認有錯誤存在，然後讓病人相信他這種方法可以治癒他們、可以減輕他們精神和神經上的痛苦。我相信，他用的是一種精神的催吐劑。我可以看清他的想法，但我不認為它會帶來永久的好處。

當然眾所周知，大多數神經類的疾病，問題在於我們本身。隨之而來的是，如果我們能認出被激怒的自私形式，並拒絕受它影響，憤怒就會平息，我們的心情也會變好。但是我說的這個方法有個缺點，任何人都要有被迫找出自身存在的自私之決心。自私可以被別人指出來，如果他們準備看見它，他們就能看到它。但沒有人能靠別人找出自己的自私。找出自私是上帝的工作，是祂的特權。沒有可以製造重生過程的科學。我也不了解什麼能給人這樣的信念，像神聖的天意一樣關懷我們，看著我們的靈魂成長，這並不是侵犯而是一種尊重。如果我們想看到我們意識到的自私、拒絕受它的控制，那麼當我們——總體來說——戰勝它時，我們就會被允許從更細微的方面看到它，也被允許看到以前對我們來說不明顯的其他自私形式。像過程在繼續進行的那樣，努力爭取真正自由的人能從自身發現一年之前沒有意識到的阻礙，並且期待下一年發現目前沒看見的自私的阻礙。

這是個幸運的發現，由於個人敏感而受傷跟生氣一樣糟糕。說它是個幸運的發現，是因為只要我們不知道原因，我們完全相信它是有理由的，而且不僅如此，我們還會被可憐和同情。沒有什麼人想生氣。氣憤醜陋的本質總是十分明顯的，我們會不假思索地克服它。但是悲傷，這種痛苦的、纖細的個人敏感，有人把它看作是惡魔嗎？沒有。然而它確實是惡魔。當它被認出來，就會讓受它誘惑的人有了陰暗的特點，看起來，惡魔本身比可能被稱作充滿惡意的憤怒更邪惡吧。

找到自身受傷情感令人厭惡之精神特點的男人或女人，是幸運的。這個發現是獲得快樂與精力充沛自由的開始。如果他的朋友願意接受他的幫助，覺得自己已經在通往自由路上的任何人，都會無私地幫助他身邊的朋友。

總而言之，我們自身不能製造平和。唯一的、真正的平和來自於上帝。它從不屬於我們，除非我們避免阻礙它的自私自利。我們不能避免自私的阻礙，除了發現它們是什麼，正視它們、承認它們，並拒絕自私自利的行為、言語或思想。這個過程是緩慢的，而且前進的過程中會有許多困難。有時我們會跌倒，想灰心地坐下來休息，但是早晚我們都會知道，每一次摔倒，正確的做法就是站起來，繼續向前走；漸漸地我們不會摔倒了，後來可能還會有點蹣跚，但我想我們會一直走下去的。

我知道當我驕傲自滿、輕視他人、嫉妒他人、有敏感的自私自利，卻叫它們其他名字時，我生活在謊言中，沒有人能在謊言中實現任何夢想，也沒有人能使用錯誤的數位算出數學題，和精神成長相關的數學符號，比一個人僅僅藉由表象了解事物更恰當。

平和是健康的精神狀態。當身體是健康的，每一個器官的功能都在井井有條地工作。身體的每一個部位都在負責自己的工作，並竭盡全力地作好本職工作。

為了保持身體健康，人們必須遵從健康的法則，呼吸新鮮的空氣、合理的膳食、充足的休息及不過度疲勞。滿足上述條件，身體將保持健康的狀態，並且幸運的是，如果身體健康，我們即使忘記它的存在，它也會夜以繼日、忠誠地為我們工作。我們不需要過度為它操心，只要像操作精密工具一樣，正確地引導它為我們的生活服務。

如果我們滿足健康法則的要求，造物者就會讓我們的身體保持健康狀態；如果我們不能滿足健康法則的要求，身體就不會健康，即使是造物者，也不能阻止法則的正常運作。

精神的健康亦是如此，只不過要保持精神的健康，比保持身體的健康更加困難。為什麼會這樣呢？這是因為精神是不朽的，而身體的健康只是短暫的。

各種形式的自私都是精神疾病。我是指，自私自利是邪惡的根源，傲慢、自負、任性、粗俗、嫉妒、控制欲等都是自私自利的不同表現形式，是精神疾病的不同階段。獲得身體健康和精神健康存在著最根本的差異。如果出現了身體不適，人們會樂於尋找原因，並且去按照健康法則的要求，直到自己再次回到健康的狀態。一旦這種不適實際存在於精神方面，人們卻堅持讓這種不適存在於身體上，也不去看醫生，做這做那來治療身體的不適，最後困惑他們為什麼還沒有康復。

經常會發現，男人和女人會不斷地想他們有這樣或那樣的疾病，然後告訴他們的朋友這些疾病；有時會不止一次地向同一個朋友講述同一種疾病。他們對自己是病人這件事覺得很驕傲——驕傲於身體的這種疾病狀態。

另一方面，健康的本性是這樣：一個處於亞健康的人，因為身體某部位的疼痛去看醫生，當醫生告知他疼痛的名字時，他會感覺「太好了，醫生知道我得了什麼病，他會治癒我，我會按照他說的做，我很快就會好了。」這位身體處於亞健康的病人，很快就康復了。

人的身體總是傾向於健康狀態，當我們履行了健康法則，大自然所有的規律都會和我們在一起，當然我們就會身體健康了。

人的精神也傾向於健康狀態，身心都被萬物的創造者所統治，想想我們遵守習慣的不同吧。首先，和繼承身體疾病的傾向相比，我們繼承了更多精神方面的自私傾向。我們已經準備好把注意力放在身體的疾病上，並竭盡全力想擺脫疾病，但是我們並沒有準備好在精神方面找到疾病的原因，即使從不好的傾向方面去想，我們拒絕做或說，我們也會擺脫它，為更好的工作做好準備。

悔過這一行為並不是發生在大多數人的身上，它不僅是一般常識，也是精神健康的第一原則。我聽說人們會象徵性地承認這個錯誤或是那個錯誤，但他們看起來卻是覺得很自豪，因為他們還會按照錯誤的方式去做、去說、去思考。他們沒有覺得自己很羞愧，因為真的悔過從來沒有發生在他們身上；他們和喜歡跟別人談論自己疾病的人是一樣的。

我們大多數人並不承認有任何特殊形式的自私，我們習慣地認為所有的錯誤是由周圍的環境和人引起的。我們去任何地方，在任何人身上或任何事上，而不是從我們自身尋找精神疾病的根源。審視自我，承認錯誤並改過是獲得精神健康的唯一途徑。每次去教堂，我們當中有許多人都自稱是「痛苦的罪人」，走出教堂有時也會說自己是痛苦的罪人。但是這又有什麼用呢？

醫生對病人說：「我的朋友，你的身體處於疾病狀態。」你可以順其自然，不去管它，也可以吃這個或那個藥。真正聰明的人會喃喃自語說自己是個痛苦的病人嗎？

這是多麼愚鈍啊！我們常常說自己是痛苦的罪人，卻不知我們是在哪、如何、透過什麼途徑犯錯的。通常，對有關法則的啟因及結果的認識與理解，將指示我們去找到犯錯的特殊原因，帶來正確的方法去治療它。只有這樣我們才能被精神的新鮮空氣所引導。

主耶穌對我們說：「你應該知道這個事實，它會讓你自由。」難道你不應該假設這個事實關係到我們自己和精神健康，或者關係到他說的缺乏健康和其他所有的事情嗎？他又說，「並不是他叫我主，主應該進入天堂，我是按照天堂的主的意願做事。」當我們遵守精神健康的原則的同時，也遵守身體健康的原則時，難道就是在遵循主的意願做事嗎？

當我寫「自然傾向健康」，意思是說所有上帝的原則都是傾向健康的，身體的健康和精神的健康。問題是，對我而言，精神健康標準的要求太低了。我們並沒有完全按照新約要求的標準行事。我們傾向於採納周圍世界的標準，如果我們表現好的話，就會特別自滿。

假設對於所謂的文明人來說，患有脂肪肝、慢性黏膜炎，或其他形式的慢性疾病已經成為了一種習俗——每一個人將習以為常，並很自然地接受他，認為我們周圍所有的人都會患病。孩子生來就會得病，無論是什麼樣的疾病，患病將很自然地成為這個國家的習俗，因此大眾的健康標準隨之降低。可以驚奇地看到，健康的標準能下降得如此之低，以至於他們不會奢望比自己現在更高的標準，雖然生活在受汙染環境中，卻稱自己呼吸著新鮮的空氣。

現在假設，一個社會中關於疾病有一種看法：應該有一個有健康標準的人——健康的、正常的和安靜的狀態。需要多少時間才能讓他周圍的人意識到他們的生活標準有多低？不久之前，霍亂、黃疸和瘟疫流行被看作是理所當然的，它們損壞了一個國家，為人們帶來了嚴重的痛苦，直到人們戰勝疾病，這時我們可以看到預防醫學真實的標準所帶來多麼巨大的影響。國家對疾病的恐懼已經消除，並且學會了服從健康法則，這樣就不會再有對病症的恐慌了。

精神的疾病是不會像那樣被治癒的。沒有健康重生的可能形式，感謝上帝！一般來說，精神健康源於各個獨立個體的工作。每一個人都如同他是世界上唯一的人一樣重要，只有在他驕傲自滿、自我膨脹時，他才會在這個重要性裡失去他真正的位置。再一次在肉體和靈魂之間找到了相似之處。

把人的身體比作人類社會是十分有趣的，每個器官做著和其他器官不一樣的工作，這就是健康的身體；社會亦是如此，只有每位成員都完美地完成他自己的那份責任，社會才會健康地運轉。

如果每個個體的靈魂做好自己的工作，非常想知道精神法則，並遵守它們；如果每個個體養成了完全從自身找痛苦原因的習慣，拒絕任何形式的妥協，它的好處就是藉由每一個體的這種習慣——至少是為了他自己的不適，首先審視自我，而不是責備周圍的環境，或是其他人——整個家庭乃至整個社會，都會變得健康。

當然每個個體的健康將有助於由個體組成的，社會的健康，並且像平和是精神的健康一樣，每個個體的平和將有助於整體社會的平和。

現在最大的阻礙是關於責備周圍環境或他人的問題上，我們中間這種偏低的標準。關於身體健康，不像那些尋求更高標準的人一樣，我們不必科學地鑽研、找出精神健康的法則。可能最好的教材就在我們周圍，我們需要從細節方面真正地去遵循它，不去批評他人是否遵循這個原則，我們自身要不斷地遵循這個原則，是我們自己穩定的、持久的服從。當然我們也不必深挖，我們自己會去發現各種形式的精神疾病。如果我們拒絕對看到的自私自利去做、去說、去想，那麼其他形式的自私自利就會從我們的思想中出現，這種精神健康發展就會繼續，這就是造物主正在做的主要工作——我們的工作僅僅是滿足條件要求。

「感謝、謙卑和悔過把我們的弱點與上帝的全能連繫起來。」

官網

國家圖書館出版品預行編目資料

因為生活太焦躁，所以需要寧靜心理學：放鬆訓練 × 依循自然 × 藝術薰陶，完美迴避傷害，不用無限忍耐 / [美] 安妮 · 佩森 · 考爾（Annie Payson Call）著 ; 宋孚紅 譯 . -- 第一版 . -- 臺北市 : 崧燁文化事業有限公司 , 2023.05
面；　公分
POD 版
譯自 : How to live quietly.
ISBN 978-626-357-308-6(平裝)
1.CST: 心理衛生 2.CST: 生活指導
172.9　　112005275

因為生活太焦躁，所以需要寧靜心理學：放鬆訓練 × 依循自然 × 藝術薰陶，完美迴避傷害，不用無限忍耐

臉書

作　　者：[美] 安妮 · 佩森 · 考爾（Annie Payson Call）
翻　　譯：宋孚紅
發 行 人：黃振庭
出 版 者：崧燁文化事業有限公司
發 行 者：崧燁文化事業有限公司
E-mail：sonbookservice@gmail.com
粉 絲 頁：https://www.facebook.com/sonbookss/
網　　址：https://sonbook.net/
地　　址：台北市中正區重慶南路一段六十一號八樓 815 室
Rm. 815, 8F., No.61, Sec. 1, Chongqing S. Rd., Zhongzheng Dist., Taipei City 100, Taiwan
電　　話：(02)2370-3310　　**傳　　真**：(02) 2388-1990
印　　刷：京峯彩色印刷有限公司（京峰數位）
律師顧問：廣華律師事務所 張珮琦律師

定　　價：299 元
發行日期：2023 年 05 月第一版
◎本書以 POD 印製